キリスト教資料集
Christian Study Materials

富田正樹
MASAKI TOMITA

日本キリスト教団出版局

本書の固有名詞表記は、原則的には世界史教科書の表記に従っていますが、聖書関連の固有名詞については、『聖書 新共同訳』(日本聖書協会)の表記に従っています。また、紀元の表記に BCE と CE を採用しています。

聖書

1 書物の宗教 …………………………………… 4
2 キリスト教の正典 …………………………… 5
3 旧約聖書の構成 ……………………………… 6
4 新約聖書の構成 ……………………………… 7
5 旧約聖書の主な登場人物 …………………… 8
6 新約聖書の主な登場人物 …………………… 10
7 イエスの用いたたとえ ……………………… 12
8 イエスの奇跡 ………………………………… 14
9 イエスの足跡 ………………………………… 15
10 イエスの死と復活　その①　エルサレム … 16
11 イエスの死と復活　その②　別離と再会 … 17
12 聖書の歴史　正典化への歩み ……………… 18
13 聖書メディアの発達 ………………………… 19
14 いろいろな聖書 ……………………………… 20
15 おぼえておきたい聖書の言葉 ……………… 21

キリスト教

16 キリスト教の大まかな分類 ………………… 22
17 キリスト教の諸教派 ………………………… 23
18 キリスト教の礼拝と儀式 …………………… 24
19 キリスト教の祈り …………………………… 25
20 キリスト教の祭日　代表的な教会暦 ……… 26
21 キリスト教のシンボル ……………………… 27
22 ヘブライ人・イスラエル人・ユダヤ人 …… 28
23 ユダヤ教の暦と祭日 ………………………… 29

歴史

24 人間の創造と宗教の起源 …………………… 30
25 聖書の世界 …………………………………… 31
26 族長の時代 …………………………………… 32
27 出エジプトからカナン定着へ ……………… 33
28 統一王国時代 ………………………………… 34
29 バビロン捕囚からローマ支配下へ ………… 35
30 イエス時代のパレスチナ …………………… 36
31 キリスト教の誕生——パウロの伝道 ……… 37
32 新約聖書の執筆と編集 ……………………… 38
33 迫害から公認　ローマの国教へ …………… 39
34 東西分裂 ……………………………………… 40
35 十字軍から宗教改革 ………………………… 41
36 世界への伝道——戦争の世紀 ……………… 42
37 宗教多元化の時代 …………………………… 43

クリスチャン

38 人と言葉　その①
　 マザー・テレサ、コルベ神父 ……………… 44
39 人と言葉　その②
　 キング牧師、R. ニーバー …………………… 45
40 人と言葉　その③　ルター、カルヴァン … 46
41 人と言葉　その④
　 アシジのフランシスコ、賀川豊彦 ………… 47

文化

42 キリスト教の文化・芸術 …………………… 48
43 キリスト教の音楽　その①
　 イエスからバッハまで ……………………… 50
44 キリスト教の音楽　その②
　 ウェスレーからCCMまで …………………… 51
45 キリスト教の絵画・彫刻・建築 …………… 52
46 キリスト教の文学　その①
　 アウグスティヌスまで ……………………… 54
47 キリスト教の文学　その②
　 『レ・ミゼラブル』まで …………………… 55
48 日本のキリスト教文学 ……………………… 56

社会

49 キリスト教と社会活動 ……………………… 57
50 キリスト教と平和活動 ……………………… 58
51 キリスト教と人権活動 ……………………… 59
52 キリスト教の医療と福祉 …………………… 60
53 平和の言葉 …………………………………… 61

信仰

54 祈り …………………………………………… 62
55 使徒信条、十戒 ……………………………… 63

装丁・岩崎邦好

1 書物の宗教

正典とは
神から授かったお告げを言葉に書き記した書物。ユダヤ教・キリスト教・イスラームの三大**一神教**はいずれもそれぞれの正典を持っている。そのためこの3つは「啓典の宗教」または「書物の宗教」とも呼ばれる。

一神教とは
神を一人の人格をもつ存在とする宗教。世界の過半数の人々が一神教の信徒であり、一神教が世界情勢に及ぼす影響は大きい。
また、現在はキリスト教が最大の宗教となっているが、イスラームの信徒数の増加が著しく、やがてキリスト教を超えるのではないかという予想もなされている。

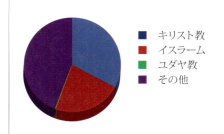

世界のおおまかな宗教分布
- キリスト教
- イスラーム
- ユダヤ教
- その他

ユダヤ教 (Judaism)
【ユダヤ的であること／ユダヤ人であること】
ユダヤ人の信仰・文化・生活習慣すべてを含む民族宗教。最も古い一神教で、ユダヤ人が多神教の中から他の神(異教)を排除してできあがったとされる。
イエスも一人のユダヤ人／ユダヤ教徒であった。
正典は「ヘブライ語聖書」(Hebrew Bible)。ヘブライ語では「タナハ」(TNK:律法と預言と諸書)と呼ばれ、キリスト教の「旧約聖書」の元になっているが、目次などが微妙に違う。
《キーワード》「コーシェル」(Kosher) ユダヤ人専用の食物

ヘブライ語聖書の巻物
(撮影・横山 匡)

キリスト教 (Christianity)
【キリストの者たち】
イエスの教えと行いを継ぐ人々が、やがてユダヤ教から分かれ出てできあがった世界宗教。イエスをキリスト(救い主)であるとする。
正典は「聖書」(The Bible)で、その中身はユダヤ教から受け継いだ「旧約聖書」(Old Testament)と「新約聖書」(New Testament)に分かれている。
おおまかに、正教会、ローマ・カトリック教会、プロテスタント教会、聖公会の4種類に分けられる(アングリカンをプロテスタントに含める考え方もある)。
(→p.22)

グーテンベルク聖書

イスラーム (Islam)
【神に従うこと】
ムハンマドを最終預言者とする一神教。信徒の信仰・文化・生活習慣・政治・経済など一切をイスラーム法と呼ばれる戒律に従って行う。ユダヤ教の預言者たちと共にイエスも預言者の一人とする。正典は「クルアーン」(Qur'an)。
《キーワード》「ムスリム」(Muslim) イスラーム信徒。女性は「ムスリマ」
「ハラール」(Halal) ムスリム専用の食物など戒律にかなったもの
「ラマダン」(Ramadan) 断食月。太陽の出ている間、飲食は禁止。

クルアーン

2 キリスト教の正典

正典とは
【基準となる本】
ラテン語の "Canon"。元の意味は「ものさし／はかり」。
「この本に書いてある内容が、この宗教の内容だ」というもの。

聖書とは
【本】
英語では "The Bible"（バイブル）。
その語源はギリシア語の「本」（βιβλος ビブロス）にさかのぼる。
古代は紙（パピルス紙）による本は非常に貴重で、他に「本」と呼べるものがほとんど無かったからである。
聖書の中身は「旧約聖書」と「新約聖書」に分かれる。

新約聖書のギリシア語パピルス断片。新約聖書パピルス第39番、米国 Green Collection 所蔵（撮影・前川裕）

旧約聖書の目次

- 創世記 ｜
- 出エジプト記 ｜
- レビ記 ｜（モーセ五書）
- 民数記 ｜
- 申命記 ｜　　　　　歴史書

- ヨシュア記
- 士師記
- ルツ記
- サムエル記（上・下）
- 列王記（上・下）
- 歴代誌（上・下）
- エズラ記
- ネヘミヤ記
- エステル記

- ヨブ記
- 詩編
- 箴言　　　文学書（諸書）
- コヘレトの言葉
- 雅歌

- イザヤ書
- エレミヤ書
- 哀歌
- エゼキエル書
- ダニエル書
- ホセア書
- ヨエル書
- アモス書
- オバデヤ書　　預言書
- ヨナ書
- ミカ書
- ナホム書
- ハバクク書
- ゼファニヤ書
- ハガイ書
- ゼカリヤ書
- マラキ書

新約聖書の目次

- マタイによる福音書
- マルコによる福音書　　福音書
- ルカによる福音書
- ヨハネによる福音書

- 使徒言行録　　歴史

- ローマの信徒への手紙
- コリントの信徒への手紙（一・二）
- ガラテヤの信徒への手紙
- エフェソの信徒への手紙
- フィリピの信徒への手紙
- コロサイの信徒への手紙
- テサロニケの信徒への手紙（一・二）
- テモテへの手紙（一・二）
- テトスへの手紙　　手紙
- フィレモンへの手紙
- ヘブライ人への手紙
- ヤコブの手紙
- ペトロの手紙（一・二）
- ヨハネの手紙（一・二・三）
- ユダの手紙

- ヨハネの黙示録　　黙示文学

旧約聖書続編

- トビト記
- ユディト記
- エステル記（ギリシア語）
- マカバイ記（一・二）
- 知恵の書
- シラ書〔集会の書〕
- バルク書
- エレミヤの手紙
- ダニエル書補遺（アザルヤの祈りと三人の若者の賛歌・スザンナ・ベルと竜）
- エズラ記（ギリシア語）
- エズラ記（ラテン語）
- マナセの祈り

3 旧約聖書の構成

「アダムの創造」（ミケランジェロ）

聖書

モーセ五書

創世記
天地創造、族長物語。

出エジプト記
13世紀BCE　モーセを指導者として
エジプト脱出。十戒の授与。

申命記
モーセの告別説教、指導者
ヨシュアの任命。モーセの死。

レビ記
モーセをとおして、
レビ（祭司）と民に
与えられた戒め。

民数記
エジプトからカナンに至る
40年間のできごと。

歴史書

ヨシュア記
ヨシュアを指導者として、カナン侵攻。
12部族への土地分割。

「ダビデに油を注ぐサムエル」

士師記
12世紀BCE　12士師の時代。
デボラ、ギデオン、サムソンなど。

ルツ記
ダビデの祖先である
女性ルツの物語。

サムエル記
イスラエル王国成立。
1020–1000BCE　サウル。
1000–967BCE　ダビデ。
預言者サムエル。

歴代誌
サムエル記、列王記
と時代、内容は重複。
独自の視点で補完さ
れた歴史。

列王記
967–928BCE　ソロモン。
928BCE　王国分裂。
721BCE 北王国滅亡、586BCE 南王国滅亡。
→捕囚。

エズラ記 ネヘミヤ記
538BCE　捕囚からの解放。
帰還、神殿再建。

エステル記
アケメネス朝ペルシアの
ユダヤ人王妃の物語。

三大預言書

イザヤ書
8世紀BCE　南ユダ。メシア預言、
苦難の僕（しもべ）、捕囚解放後の救済と審判。

エレミヤ書
627–568BCE　南ユダ。
王国滅亡と復興を預言。

哀歌
エレミヤによる
民の哀しみの歌。

エゼキエル書
捕囚期　南ユダ。
王国滅亡と復興の希望を預言。

十二小預言書

ホセア書、ヨエル書、アモス書、
オバデヤ書、ヨナ書、ミカ書、
ナホム書、ハバクク書、ゼファニヤ書、
ハガイ書、ゼカリヤ書、マラキ書

文学

ヨブ記　義人ヨブの苦難。

詩編　宗教詩150編。

箴言　ユダヤ格言集。

コヘレトの言葉　人生の無常を説く。

雅歌　男女の愛の歌。

ダニエル書
黙示文学。最後の審判、
死者の復活、永遠の生命を預言。

旧約聖書続編

トビト記、ユディト記、エステル記（ギリシア語）、
マカバイ記、知恵の書、シラ書〔集会の書〕、バルク書、
エレミヤの手紙、ダニエル書補遺（アザルヤの祈りと
三人の若者の賛歌・スザンナ・ベルと竜）、エズラ記
（ギリシア語）、エズラ記（ラテン語）、マナセの祈り

4 新約聖書の構成

「キリストの復活」（フランチェスカ）

福音書

イエスの生涯とその教え。それぞれに特徴があるが、マタイ、マルコ、ルカは共通点が多いことから共観福音書と呼ばれる。

共観福音書
- マタイによる福音書
- マルコによる福音書
- ルカによる福音書

ヨハネによる福音書

歴史

ルカ2部作
使徒言行録

イエスの弟子たちによる初代教会の成立過程とパウロの伝道。

「ペトロとパウロ」（エル・グレコ）

手紙

パウロおよび初代教会の指導者たちが書いた手紙。
特に重要とされる四大書簡、教会制度を前提に書かれている牧会書簡、教会全体に宛てて書かれた公同書簡といった分類がなされる。

パウロが書いた手紙

四大書簡
- ローマの信徒への手紙
- コリントの信徒への手紙1
- コリントの信徒への手紙2
- ガラテヤの信徒への手紙

- フィリピの信徒への手紙
- テサロニケの信徒への手紙1
- フィレモンへの手紙

パウロの名による手紙

- エフェソの信徒への手紙
- コロサイの信徒への手紙
- テサロニケの信徒への手紙2

牧会書簡
- テモテへの手紙1
- テモテへの手紙2
- テトスへの手紙

公同書簡
ヘブライ人への手紙、ヤコブの手紙、ペトロの手紙1、ペトロの手紙2、ヨハネの手紙1、ヨハネの手紙2、ヨハネの手紙3、ユダの手紙

黙示文学

「黙示」とは「秘められたものを明らかにする」という意味。

ヨハネの黙示録

ローマ帝国による迫害に耐える7つの教会に宛てた手紙。ローマの滅亡と来たるべきキリストの支配を告げる。

新約聖書外典

初代教会によって排除されたキリスト教文書。女性たちの活躍など、貴重な証言が注目されている。

マグダラのマリアの福音書、パウロ行伝
トマス福音書、ユダの福音書、ペトロの黙示録、
パウロの黙示録、ヤコブ原福音書、
トマスによるイエスの幼児物語　　　など多数

5 旧約聖書の主な登場人物

創世記（Genesis）

「楽園追放」（マザッチオ）

天地創造物語

アダム（Adam）
最初につくられた人間。「アダマ」（土）からつくられたから「アダム」と呼ばれる。エバに誘われて神との約束を破り、エデンを追放される。

エバ（Eve）
アダムの肋骨からつくられたとされる最初の女性。「エバ」とは「命」という意味。蛇に誘惑されて「善悪の知識の木」の実を食べてしまう。

カイン（Cain）
アダムとエバの長子。畑作業を営むが弟をねたみ、殺してしまう。

アベル（Abel）
カインの弟。牧畜業を営み、献げ物が神を喜ばせる。

セト（Seth）
カインが追放された後にできたアダムたちの息子。人類の始祖となる。

洪水物語

ノア（Noah）
地に悪が満ち、神は人間を洪水で滅ぼそうとするが、ノアの家族だけは助けようとした。ノアは箱舟を作って、動物たちと生き延びる。

「ノアの箱舟」（ヒックス）

セム（Shem）　**ハム（Ham）**　**ヤフェト（Japheth）**

族長物語

アブラハム（Abraham）
イスラエル民族の始祖。生まれ故郷のウル（メソポタミア）を出て、神が与えるとした「約束の地」カナンに移住する。

イサク（Isaac）
アブラハムの息子。父アブラハムに神への献げ物として殺されかけるが、天使に止められ、命をとりとめる。

ヤコブ（Jacob）
イサクの息子。兄エサウから長子権を奪う。その12人の子たちがイスラエル12部族の始祖とされる。

ヨセフ（Joseph）
ヤコブにもっとも愛された息子。10人の兄たちにねたまれてエジプトへ。冤罪による投獄中に夢判断の才能を認められ、ファラオ（エジプト王）の夢を解いてエジプトを飢饉から救い、宰相となる。

サラ（Sarah）
アブラハムの妻。年老いてからイサクを生む。

リベカ（Rebekah）
イサクの妻。井戸のそばでアブラハムの僕と劇的に出会う。

ラケル（Rachel）
ヤコブの妻の一人。ヨセフとベニヤミンの母。

出エジプト記 (Exodus)

出エジプト（エジプト脱出）物語

モーセ (Moses)
奴隷の身であったヘブライ人でありながら、ナイル川で拾われ王子として育てられる。後に奴隷解放のリーダーとなって葦の海を渡り、ヘブライ人のエジプト脱出を果たす。脱出後、**約束の地**カナンを目指す途中、シナイ山で**十戒**を授けられる。

⇔ 対決 ⇔

ファラオ (Pharaoh)
【エジプトの王】出エジプト当時の王は、ラメセス2世と推定される。モーセの奴隷解放の要求を徹底的に拒絶する。

「モーセ像」(ミケランジェロ)

ツィポラ (Zipporah)
モーセの妻。井戸のそばでモーセと劇的に出会う。

ミリアム (Miriam)
モーセとアロンの姉。**預言者**として民を導く。

アロン (Aaron)
モーセの兄。**祭司**としてモーセを助ける。

ヨシュア記

カナン定着物語

ヨシュア (Joshua)
モーセの後継者。ヨルダン川を渡り、カナン地方（**パレスチナ**）にイスラエルの民を導き、カナン定着を果たす。

預言書・文学書

イザヤ (Isaiah)
バビロン捕囚前から捕囚解放後にかけてユダヤ人に多くの指示を与えた預言者。

エレミヤ (Jeremiah)
捕囚期にユダ王国の滅亡と復興の希望を預言。

エゼキエル (Ezekiel)
捕囚期にユダ王国の滅亡と復興の希望を預言。

ヨブ (Job)
ヨブ記の主人公。人生の苦悩をめぐって神と対決する。

サムエル記・列王記・歴代誌

統一王国物語

サムエル (Samuel)
イスラエルに王がいなかった時代に指導した預言者。民が求めるのでサウルを**油注ぎ**によって王に任命し、後にはダビデを任命する。

サウル (Saul)
イスラエル初代の王。ダビデをねたんで殺そうとする。

ダビデ (David)
第2代目の王。もとは羊飼い。サウルに仕え、ペリシテ人との戦いの功績で英雄となり、王国繁栄の基礎を築いた。

ソロモン (Solomon)
第3代目の王。王国に黄金時代をもたらし、神殿を建設した。しかし多くの国の妃を迎え、異教も侵入させた。

6 新約聖書の主な登場人物

福音書（Gospels）

イエスの生涯と復活の物語

マリア（Mary）
「ナザレのマリア」とも呼ばれる。結婚する前にイエスを身ごもり出産したとされる。福音書では成人後のイエスに対して必ずしも良き理解者とは言えないが、一方でカトリックでは聖母とたたえられる。

ヨセフ（Joseph）
「大工のヨセフ」と呼ばれ、マリアの婚約者。結婚前にイエスを身ごもったマリアを受け入れ、イエスの命を狙うヘロデ大王からマリアとイエスを守ったとされる。

イエス（Jesus）
「ナザレのイエス」または「マリアの子イエス」「大工の子」とも呼ばれる。当初洗礼者ヨハネの弟子となったが、ヨハネの死後、独自の活動を始める。貧しい者、被差別者、病者に対して、癒し・教え・共同の食事を中心とした神の国運動を展開し、ローマ帝国とユダヤ人社会に抵抗するが、十字架につけられて殺される。
しかし処刑の3日目によみがえり、キリスト（救い主）と呼ばれ、キリスト教成立の土台となった。

ヘロデ（Herod）
「ヘロデ大王」と呼ばれ、その残虐さで民衆に非常に恐れられた。新しいユダヤ人の王の出現を恐れ、幼児イエスの殺害を企てる。

女性の弟子たち
ベタニアのマルタとマリア・ヤコブの母マリア・サロメなど。イエスに最初から従ってきた。

マグダラのマリア（Mary Magdalene）
イエスの女性の弟子たちのリーダーであり、復活したイエスに最初に出会った。イエスの第一の使徒とも言われる。

洗礼者ヨハネ（John the Baptist）
腐敗したユダヤ人社会に対し、神による終末を警告、悔い改めの洗礼を授けていた。イエスも彼から洗礼を受け、一時的に彼の弟子となる。

弟子たちと初代教会の物語

男性の弟子たち
ヨハネ・ヤコブ・アンデレなど。12人いたとされる。

イスカリオテのユダ（Judas Iscariot）
イエスを裏切って、祭司長たちに売り渡してしまう。

シモン・ペトロ（Peter）
単に「ペトロ」と呼ばれることが多い。イエスの男性の弟子の中で、最初に弟子になった元漁師。イエスの受難の際、裏切って3度「知らない」と言ってしまい、一旦逃走する。
しかし復活したイエスと出会い、初代のエルサレム教会の指導者となる。

 対立

パウロ（Paul）
元はファリサイ派の厳格なユダヤ教徒で初代教会を迫害していたが、やがて回心して洗礼を受け、各地を旅するキリスト教宣教者となる。
多くの手紙を書き、それが新約聖書の大きな部分を占めている。
ペトロとはたびたび対立した。

ローマ帝国の支配者たち

アウグストゥス帝 (Augustus)
イエス誕生時のローマ皇帝。
ルカによる福音書によれば、皇帝アウグストゥスが課税のための住民登録を命令したために、マリアとヨセフはベツレヘムへ旅をしなければならなくなった。そこでイエスが生まれることになる。

ティベリウス帝 (Tiberius)
イエスが活動を始め、死ぬまでの時期のローマ皇帝。以前からローマ皇帝は自らを「神の子」「救い主」と名乗り、貨幣にも肖像を刻ませ、皇帝崇拝を強要していた。また各地から人頭税・関税などを取り立てていた。

ポンティオ・ピラト (Pontius Pilate)
ローマから派遣されていた属州ユダヤの総督。
大祭司たちからイエスの尋問を強要されるが、イエスに何の罪も見出せない。しかし、大祭司たちに扇動された群衆の反乱を恐れ、イエスの十字架刑を決定してしまう。

ローマ兵たち (駐留軍)
ローマ帝国内の各地の属州に配置され、反乱や暴動を鎮圧していた。この軍事力による各地の平定がパックス・ロマーナ（ローマの平和）と呼ばれた。彼らの処刑法のひとつが十字架刑であった。

ユダヤ人社会の支配者たち

大祭司
ユダヤ人社会における宗教と政治の最高権力者。イエスを逮捕し、殺すために違法な裁判を行った。当時の大祭司はカイアファという名であったとされる。

神殿貴族たち（祭司長・長老・律法学者たち）
大祭司のもとで権力をふるっていた権力者たち。神殿税や供物をとりたてて蓄財しており、たいてい大地主だった。最高法院を組織して、裁判を行うこともあり、イエスを逮捕した時も違法な裁判を行った。

神殿税 →

人頭税・関税 →

徴税人たち
ユダヤ人でありながらローマへの税金を同胞から取り立てる仕事をさせられている者たち。聖書には、ザアカイ・レビ・マタイ・タダイなどの名前が登場する。

ユダヤ人庶民たち
ユダヤ人庶民のほとんどは非常に貧しく、食事も不規則なほどであった。イエスはこの人々に癒しと食事を与えた。

使徒言行録 (Acts)

ステファノ (Stephen)
初代教会の最初の殉教者。
パウロは彼の殉教を目撃していたとされる。

バルナバ (Barnabas)
回心したパウロを受け入れ、共に伝道旅行に出かけた。後に別行動をとっている。

アナニア (Ananias)
ダマスコにいた信徒。
パウロの回心後、彼を導き、洗礼を授けた。

プリスキラとアキラ (Priscilla & Aquila)
コリントでパウロと出会い、回心する。パウロの重要な協力者となる。ポントス出身で、パウロと同じテント作り職人の夫婦。

7　イエスの用いたたとえ

たとえられたもの	収録福音書			
	マタイ	マルコ	ルカ	ヨハネ
人間をとる漁師	4:19	1:17	5:10	
世の光	5:14–16			
体のともし火は目	6:22–23		11:34–36	
空の鳥、野の花（烏（からす）、野原の花）	6:25–34		12:22–34	
おが屑（くず）と丸太	7:3–5		6:41–42	
豚に真珠	7:6			
しつように頼む友達			11:5–8	
子どもに与える良いもの（パンと魚／魚と卵）	7:9–11		11:11–13	
やもめと裁判官			18:1–8	
狭い門／狭い戸口	7:13–14		13:22–24	
戸を閉めた主人			13:25–30	
羊の皮を身につけた貪欲な狼（おおかみ）	7:15			
良い実を結ぶ良い木、悪い実を結ぶ悪い木	7:16–20 12:33		6:43–44	
家と土台	7:24–27		6:47–49	
良いものを取り出す善い人、悪いものを取り出す悪い人	12:35		6:45	
汚れた霊と掃除をされた空き家	12:43–45		11:24–26	
毒麦	13:24–30			
宝が隠されている畑	13:44			
高価な真珠と商人	13:45–46			
良い魚と悪い魚	13:47–48			
天の国のことを学んだ学者	13:52			
医者を必要とするのは病人	9:12	2:17	5:31	
花婿と婚礼の客の断食	9:15	2:19–20	5:34–35	
古い服と新しい布切れ	9:16	2:21	5:36	
古い革袋と新しいぶどう酒	9:17	2:22	5:37–39	
狼の群れに送り込まれた羊	10:16			
蛇の賢さ、鳩（はと）の素直さ	10:16			
弟子にまさる師	10:24–25		6:40	
自分の担う／背負う十字架	10:38 16:24		14:27	
国／家の内輪の争い	12:25–26	3:24–26	11:17	
その家を略奪するために強い人を縛り上げること	12:29	3:27		
強い人の武装			11:21–22	
種を蒔（ま）く人	13:1–9	4:3–9	8:4–8	
ともし火	5:15	4:21–23	8:16–17 11:33	
秤（はかり）	7:2	4:24–25	6:38	
成長する種		4:26–29		
からし種	13:31–32	4:30–32	13:18–19	
パン種	13:33		13:20–21	
外から体に入るもの・腹を通り外に出されるもの・口から外に出るもの	15:10–11 15:17–19	7:14–19		
盲人の道案内	15:14		6:39	
子供たちのパンと食卓の下の小犬	15:26–27	7:27–28		
ファリサイ派のパン種とヘロデのパン種／サドカイ派のパン種	16:5–12	8:14–21	12:1	

たとえ	マタイ	マルコ	ルカ	ヨハネ
愚かな金持ち			12:13–21	
塩／地の塩	5:13	9:49–50	14:34–35	
迷い出た羊／見失った羊	18:10–14		15:4–7	
無くした銀貨			15:8–10	
放蕩（ほうとう）息子			15:11–32	
仲間を赦さない家来（借金を帳消しにされた家来）	18:21–35			
借金を帳消しにされた二人の人			7:41–43	
不正な管理人（主人の貸しを勝手に減らす管理人）			16:1–8	
金持ちとラザロ			16:19–31	
命じられたことを果たしても、僕に感謝しない主人			17:7–10	
ファリサイ派の人と徴税人			18:9–14	
子供のような者たちのものである神の国（天の国）	19:14	10:14	18:16–17	
針の穴を通るらくだ	19:24	10:25	18:25	
善いサマリア人			10:25–37	
ぶどう園の労働者	20:1–16			
二人の息子（ぶどう園に行かされる二人の息子）	21:28–32			
ぶどう園と農夫	21:33–46	12:1–12	20:9–18	
婚宴／大宴会	22:1–14		14:15–24	
白く塗った墓	23:27–28			
雛（ひな）を羽の下に集めるめん鳥	23:37		13:34	
死体のある所に集まるはげ鷹（たか）	24:28		17:37	
いちじくの木／教え（神の国が近づくしるし）	24:32–35	13:28–31	21:29–33	
実のならないいちじくの木			13:6–9	
旅に出る人と門番		13:32–37		
婚宴から帰って来る主人と僕たち			12:35–38	
食事の席に着く人と給仕する者			22:27	
家の主人と泥棒	24:43		12:39	
忠実な僕と悪い僕	24:45–51		12:42–48	
十人のおとめ	25:1–13			
タラントン／ムナ	25:14–30		19:11–27	
羊と山羊を分ける羊飼い	25:31–46			
思いのままに吹く風				3:8
花嫁を迎える花婿				3:29
種を蒔く人、刈り入れる別の人				4:37
命のパン				6:34–59
生きた水の流れ				7:37–38
世の光				8:12
羊の囲い				10:1–6
羊の門				10:7–10
良い羊飼い				10:11–17
地に落ちて死ぬ一粒の麦				12:24
まことのぶどうの木				15:1–10

以上のイエスのたとえ／たとえ話は、以下の順序に並べています。
(1) マルコによる福音書に収録された順序　(2) マルコにないものはマタイによる福音書に収録された順序
(3) ルカによる福音書にのみ収録されたものは、マタイによる福音書に収録されたものと似たたとえ話の順序
(4) ヨハネによる福音書には他の福音書との並行記事がないため、別に記載しました。

8　イエスの奇跡

出来事	奇跡の種類		収録福音書			
	自然支配	いやし	マタイ	マルコ	ルカ	ヨハネ
イエスの誕生（処女降誕）	○		1:18–25		2:1–7	
水をぶどう酒に変える	○					2:1–12
役人の息子をいやす		○				4:43–54
汚れた霊に取りつかれた男をいやす		○		1:21–28	4:31–37	
シモン・ペトロのしゅうとめの病をいやす		○	8:14–15	1:29–31	4:38–39	
おびただしい病人をいやす		○	4:23–25		6:17–19	
多くの病人をいやす		○	8:16–17	1:32–34	4:40–41	
重い皮膚病を患っている人をいやす		○	8:1–4	1:40–45	5:12–16	
中風の人をいやす		○	9:1–8	2:1–12	5:17–26	
ベトザタの池で病人をいやす		○				5:1–18
手の萎えた人をいやす		○	12:9–14	3:1–6	6:6–11	
百人隊長の僕をいやす		○	8:5–13		7:1–10	4:43–54
やもめの息子を生き返らせる		○			7:11–17	
突風（嵐）を静める	○		8:23–27	4:35–41	8:22–25	
ゲラサ（ガダラ）の人の悪霊を追い出す		○	8:28–34	5:1–20	8:26–39	
会堂長ヤイロ（指導者）の娘を生き返らせる		○	9:18–26	5:21–43	8:40–56	
12年間出血の女をいやす		○	9:20–22	5:25–34	8:43–48	
2人の盲人をいやす		○	9:27–31			
口の利けない人をいやす		○	9:32–34			
5000人に食べ物を与える	○		14:13–21	6:30–44	9:10–17	6:1–14
湖の上を歩く	○		14:22–33	6:45–52		6:16–21
ゲネサレトで病人をいやす		○	14:34–36	6:53–56		
シリア・フェニキア（カナン）の女の娘をいやす		○	15:21–28	7:24–30		
耳が聞こえず舌の回らない人をいやす		○		7:31–37		
大勢の病人をいやす		○	15:29–31			
4000人に食べ物を与える	○		15:32–39	8:1–10		
ベトサイダで盲人をいやす		○		8:22–26		
イエスの姿が変わる	○		17:1–13	9:2–13	9:28–36	
汚れた霊に取りつかれた子をいやす		○	17:14–20	9:14–29	9:37–43	
生まれつきの盲人をいやす		○				9:1–12
安息日に、腰の曲がった婦人をいやす		○			13:10–17	
安息日に水腫の人をいやす		○			14:1–6	
ラザロを生き返らせる		○				11:1–44
重い皮膚病を患っている10人の人をいやす		○			17:11–19	
いちじくの木を呪って枯らせる	○		21:18–22	11:12–14 20:24		
大祭司の手下の切られた耳をいやす		○			22:47–53	

死と復活			マタイ	マルコ	ルカ	ヨハネ
イエスのわき腹を槍で刺すと血と水が出る						19:31–37
復活する			28:1–10	16:1–8	24:1–12	20:1–10
マグダラのマリアに現れる						20:11–18
エマオの途上で2人の弟子に現れる					24:13–35	
エルサレムで弟子たちに現れる					24:36–49	20:19–23
トマスに現れる						20:24–29
ティベリアス湖畔で7人の弟子に現れる						21:1–14
ガリラヤの山で弟子たちを派遣する			28:16–20			
天に上げられる					24:50–53	

9　イエスの足跡

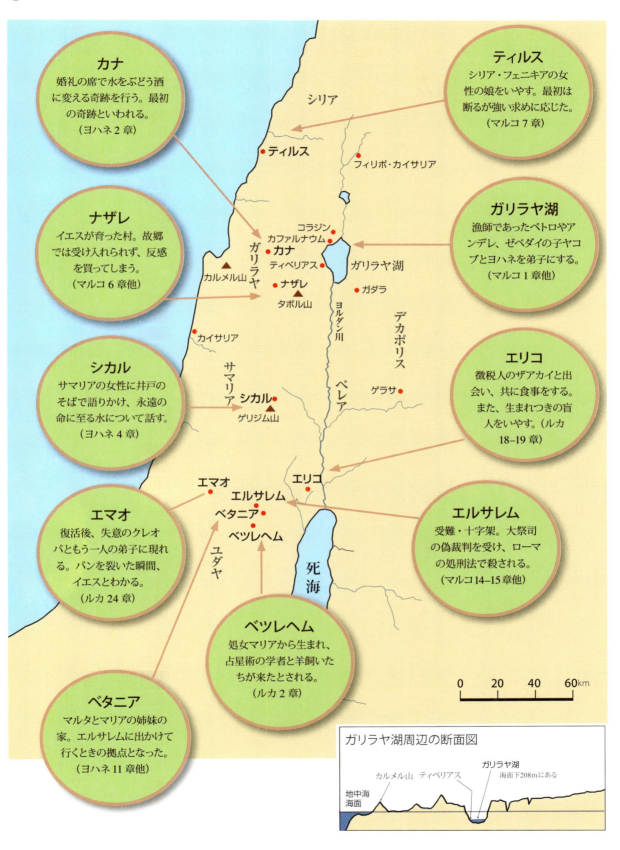

10 イエスの死と復活　その① エルサレム

聖書

現在のエルサレムと各居住地区

ムスリム＝イスラームの信徒

岩のドームと嘆きの壁

第2神殿の再現模型

3つの神殿（エルサレム神殿の歴史）

ソロモンの神殿
推定963BCE頃着工、956BCE頃完成。
（ソロモンの治世第5年より7年半かかって建設）
586BCE、新バビロニア帝国によって破壊された。

第2神殿
515BCE、バビロン捕囚から帰還したユダヤ人たちが、ゼルバベルの指導で完成させた。その後、全ユダヤ人の宗教的中心となった。

ヘロデの神殿
20BCE頃から数十年かけ、ヘロデ大王が第2神殿に追加増築して、当時もっとも派手な建物になったイエス時代の神殿。70CE、ユダヤの反乱に対するローマ軍の鎮圧により炎上。

現在
外周、南東隅と西側の石垣（現在の嘆きの壁）が残っている。神殿の丘にたつ岩のドームはイスラーム神殿となっている。

すべての民の祈りの家
［マルコによる福音書
11章17－18節前半］

そして、人々に教えて言われた。
「こう書いてあるではないか。
『わたしの家は、すべての国の人の祈りの家と呼ばれるべきである。』
ところが、あなたたちはそれを強盗の巣にしてしまった。」
祭司長たちや律法学者たちはこれを聞いて、イエスをどのようにして殺そうかと謀った。

11 イエスの死と復活　その②　別離と再会

イエスの死とエルサレム

① 最後の晩餐の部屋…主の晩餐

② ゲツセマネの園…逮捕

③ 大祭司カイアファの屋敷…最高法院の尋問

④ アントニア要塞、またはヘロデ宮殿
　　　　　　　…総督ピラトの尋問

⑤ 聖墳墓教会、または、ゴードンのゴルゴタ
　　　　　　　…十字架刑

（①〜⑤は左ページの地図参照）

十字架につけられた罪状書き

「ナザレのイエス、ユダヤ人の王」

ישוע הנצרי מלך היהודים
Iesus Nazarenus Rex Iudaeorum
Ἰησοῦς ὁ Ναζωραῖος ὁ βασιλεὺς τῶν Ἰουδαίων

上から、ヘブライ語・ラテン語・ギリシア語。この中のラテン語表記の頭文字から、「I.N.R.I.」という略称ができあがった。（→ p. 27）

ゴルゴタ

イエスが十字架で処刑された場所。
ヘブライ語の「グルゴータ」（頭蓋骨）より。ラテン語ウルガータ聖書（→ p.18）では「カルヴァリア」（頭蓋骨）という言葉が使われ、そこから「カルバリの丘」という言葉が広がった。場所については、現在、聖墳墓教会がある所と、19世紀にイギリスの将軍チャールズ・ゴードンが主張した所（ゴードンのゴルゴタ）の2か所が推測されている。

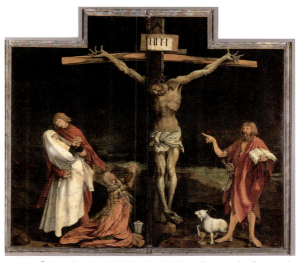

「イーゼンハイム祭壇画」（部分、グリューネヴァルト）

復活したイエスが現れた場所

エルサレム
- ▶女性たちが空の墓を発見する。（マルコ16章）
- ▶墓の前で女性たちに現れる。（マタイ28章）
- ▶11人の弟子たちに現れて食事をし、ベタニアで昇天する。（ルカ24章）
- ▶墓の前でマグダラのマリアに現れる。（ヨハネ20章他）
- ▶10人の弟子たちに現れ、その後トマスにも現れる。（ヨハネ20章）

エマオ
- ▶クレオパら2人の弟子に現れる。（ルカ24章）

ガリラヤの山
- ▶11人の弟子たちに現れ、伝道に派遣する。（マタイ28章）

ティベリアス（ガリラヤ）湖畔
- ▶7人の弟子に現れ、食事をする。（ヨハネ21章）

12 聖書の歴史　正典化への歩み

ヘブライ語聖書（Hebrew Bible）
またの名をユダヤの聖書（Jewish Bible）
- トーラー（律法）＝モーセ五書
- ネビイーム（預言）
- ケトゥビーム（諸書）

の3つの部分で構成されており、頭文字をとって「タナハ」（TNK）とも言う。

→ ギリシア語訳 →

七十人訳聖書（略号：LXX）
ヘブライ語聖書のギリシア語訳。ディアスポラ（ユダヤ地方から離れて暮らすユダヤ人）のために、エジプトのアレクサンドリアで3世紀BCE中頃から、約100年間かけて翻訳された。
約70人の学者によって訳されたという伝説から「七十人訳」と呼ばれる。

イエス（Jesus）
イエスや弟子たちは、七十人訳聖書を用いていたとされる。

口頭伝承

初期キリスト教文書
パウロの手紙や各種の福音書などが多く書かれ始める。それらはギリシア語で書かれたため、直接ヘブライ語聖書からよりも、七十人訳を引用して書かれることが多かった。

ユダヤ教による聖書の正典化
90CE頃と118CE頃のヤムニア会議で決定。（キリスト教文書の発生に対抗した）

旧約聖書

新約聖書

キリスト教による聖書の正典化
最初に新約聖書の範囲を設定しようとしたのはマルキオン（144CE頃）。
アタナシウス（296頃–373CE）が現在の27巻の範囲を提唱（367CE）。
397CEのカルタゴ教会会議で公認（ヘブライ語聖書の正典化に対抗した）。

ウルガータ（Vulgata）
ヒエロニムス（348–420CE）によるラテン語訳聖書。
ローマ帝国でラテン語が普及していったために作られた。「ウルガータ」はラテン語で「共通（訳）」の意味。旧約聖書46巻（39巻＋トビト記、ユディト記、マカバイ記一・二、知恵の書、シラ書、バルク書）、新約聖書27巻で構成された。

ルター訳聖書（Die Lutherbibel）
マルティン・ルター（1483–1546CE）によるドイツ語訳聖書。旧約聖書39巻、新約聖書27巻で構成された。自国語で聖書を読む時代が、プロテスタントの運動を後押しし、聖書の各国語訳が出るようになった。

カトリック教会による聖書の正典化
1546CEのトリエント公会議で改めて「ウルガータ」をカトリック教会の公式聖書として決定した。（プロテスタントに対抗した）

カトリックの聖書
（旧約46巻・新約27巻）

プロテスタントの聖書
（旧約39巻・新約27巻）

▶プロテスタント・カトリックが共同で日本語翻訳をした『聖書 新共同訳』（1987年）では、カトリック独自の部分・プロテスタントに含まれない文書を「旧約聖書続編」としてまとめている。

13 聖書メディアの発達

原本
聖書の原本はまだ発見されていない。

底本
無数の写本（細かな断片も含む）を照らし合わせて研究した結果、「最も信頼しうる」と世界の研究者に認められたものが、各国語への翻訳の底本となっている。

旧約聖書の底本
旧約聖書は、ユダヤ教の「ヘブライ語聖書」を基にしている。
『聖書 新共同訳』は、「ビブリア・ヘブライカ・シュトットガルテンシア」（ドイツ聖書協会）を底本としている。

新約聖書の底本
新約聖書は、ギリシア語聖書を基にしている。
現在刊行されている新約聖書は「ネストレ＝アーラント　ギリシア語新約聖書（第28版）」（ドイツ聖書協会）もしくは「ギリシア語新約聖書（修正第5版）」を底本としている。

写本
聖書は写本で伝えられた。
現在発見されている新約聖書のもっとも古い写本は、125CEごろのヨハネによる福音書のパピルス断片である。

ヨハネによる福音書18章の断片

印刷聖書
ヨハネス・グーテンベルクが発明した活版印刷によって、1455年頃最初に刊行された聖書は、カトリック教会の「ウルガータ」（→ p.18）であった（別名「グーテンベルク42行聖書」写真は創世記の一部）。

現代の印刷聖書
現代でも、印刷された書物としての聖書が主流をしめている。

『聖書 新共同訳 旧約続編つき』
（日本聖書協会）

ディジタル聖書
1970年頃からコンピュータによる聖書の研究が本格的になり、聖書のデータベース化が進んだ。
・原典を含む各国語の聖書のデータベースをCD–ROMを使って比較検索する。
・インターネットを通じて、オンライン聖書やウェブサイトからのリンク文書として読む。
・電子ブックや携帯電話などで、聖書をポータブル化する。……など、さまざまな聖書の読み方を促進しつつある。

『聖書 新共同訳 MP3版 本文テキスト表示つき』
（日本聖書協会）

14　いろいろな聖書

■マンガ聖書

第1巻「新約聖書Ⅰ　救世主(メシア)　人類を救いし者」
第2巻「新約聖書Ⅱ　使徒(アポストロス)　遣わされし者たち」
第3巻「旧約聖書Ⅰ　創世(ジェネシス)　光を受けし者たち」
第4巻「旧約聖書Ⅱ　王国(キングダム)　国を建てし者たち」
第5巻「旧約聖書Ⅲ　預言者(プロフェッツ)　希望を告げし者たち」
（日本聖書協会。一部は App Store の電子ブックとしても読むことが可能）

■点字聖書
日本聖書協会は、より多くの人に点字聖書を届けるため廉価で頒布している。

■手話訳聖書
2003年より、日本ろう福音協会と日本聖書協会が、聖書全巻の手話訳動画の制作を進めており、DVDやネットでの配信を行っている。

■アートバイブル

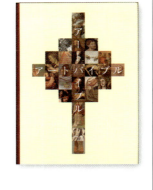

聖書を題材にした名画を組み合わせたユニークな聖書。（日本聖書協会。http://www.bible.or.jp/）

■聖書カードゲーム「バイブルハンター」

聖書を題材としたカードゲーム。プレイヤーは「バイブルハンター」となり、多彩な聖書の人物カードを召喚して、世界に散らばった「失われた聖書」を獲得する。6人まで対応。（キリスト新聞社 http://www.kirishin.com）

■聖書データベース・ソフトウェア "BibleWorks"（バイブル・ワークス）（英語）
聖書原典の言語・文法解析から、各国語でのキーワード検索まで、幅広い用途に応える聖書データベース。日本語は口語訳と新改訳が組み込まれている。（http://www.bibleworks.com/）

■聖書アプリケーション
「J－ばいぶる」（いのちのことば社）、「Jnet－ばいぶる」（日本聖書協会）、「三省堂　オーディオブック　聞く聖書シリーズ」（三省堂）、「デイジー版聖書」（日本点字図書館、聞く聖書）……など、コンピュータや携帯音楽プレーヤー、スマートフォンでも利用できる聖書アプリケーションがある。

いろいろな日本語訳聖書（マタイ5章9節）

文語訳（1917年）幸福(さいはひ)なるかな、平和ならしむる者。その人は神の子と稱(とな)へられん。
口語訳（1954年）平和をつくり出す人たちは、さいわいである、彼らは神の子と呼ばれるであろう。
新改訳（1970年）平和をつくる者は幸いです。その人は神の子どもと呼ばれるからです。
新共同訳（1987年）平和を実現する人々は、幸いである、その人たちは神の子と呼ばれる。
ケセン語訳（岩手県大船渡の方言、2002年）お取り仕切(ど すぎ)りの喜(よろこ)びに誘(さそ)う人ァ幸(ひと すあわ)せだ。その人達ァ神様の愛子(ひだこ)だって語(かた)る。
（ケセン語訳新約聖書。発行元：イーピックス　http://www.epix.co.jp/）

※ 外国語で聖書を読んでみよう。（聖書の英語は意外に難しくない）
　英語訳（TEV: Today's English Version）（1976年）
　Happy are those who work for peace; God will call them his children!

15 おぼえておきたい聖書の言葉

【旧約聖書】

■創世記　1章31節前半
神はお造りになったすべてのものを御覧になった。見よ、それは極めて良かった。

■ヨブ記　2章10節抜粋
わたしたちは、神から幸福をいただいたのだから、不幸もいただこうではないか。

■詩編　23章1～4節
主は羊飼い、わたしには何も欠けることがない。
主はわたしを青草の原に休ませ
憩いの水のほとりに伴い
魂を生き返らせてくださる。
主は御名にふさわしく　わたしを正しい道に導かれる。
死の陰の谷を行くときも　わたしは災いを恐れない。
あなたがわたしと共にいてくださる。
あなたの鞭、あなたの杖
それがわたしを力づける。

■コヘレトの言葉　12章1節
青春の日々にこそ、お前の創造主に心を留めよ。
苦しみの日々が来ないうちに。
「年を重ねることに喜びはない」
と言う年齢にならないうちに。

■イザヤ書　43章4～5節前半
わたしの目にあなたは価高く、貴く
わたしはあなたを愛し
あなたの身代わりとして人を与え
国々をあなたの魂の代わりとする。
恐れるな、わたしはあなたと共にいる。

【新約聖書】

■マタイによる福音書　5章9節
平和を実現する人々は、幸いである、
その人たちは神の子と呼ばれる。

■マタイによる福音書　5章43～44節
あなたがたも聞いているとおり、「隣人を愛し、敵を憎め」と命じられている。しかし、わたしは言っておく。敵を愛し、自分を迫害する者のために祈りなさい。

■マタイによる福音書　6章25節
だから、言っておく。自分の命のことで何を食べようか何を飲もうかと、また自分の体のことで何を着ようかと思い悩むな。命は食べ物よりも大切であり、体は衣服よりも大切ではないか。

■マタイによる福音書　7章7～8節
求めなさい。そうすれば、与えられる。探しなさい。そうすれば、見つかる。門をたたきなさい。そうすれば、開かれる。だれでも、求める者は受け、探す者は見つけ、門をたたく者には開かれる。

■マタイによる福音書　7章12節
だから、人にしてもらいたいと思うことは何でも、あなたがたも人にしなさい。これこそ律法と預言者である。

■マルコによる福音書　12章29～31節
イエスはお答えになった。「第一の掟は、これである。『イスラエルよ、聞け、わたしたちの神である主は、唯一の主である。心を尽くし、精神を尽くし、思いを尽くし、力を尽くして、あなたの神である主を愛しなさい。』第二の掟は、これである。『隣人を自分のように愛しなさい。』この二つにまさる掟はほかにない。」

■ヨハネによる福音書　8章32節
あなたたちは真理を知り、真理はあなたたちを自由にする。

■ローマの信徒への手紙　12章15節
喜ぶ人と共に喜び、泣く人と共に泣きなさい。

■コリントの信徒への手紙1　13章4～7節
愛は忍耐強い。愛は情け深い。ねたまない。愛は自慢せず、高ぶらない。礼を失せず、自分の利益を求めず、いらだたず、恨みを抱かない。不義を喜ばず、真実を喜ぶ。すべてを忍び、すべてを信じ、すべてを望み、すべてに耐える。

■コリントの信徒への手紙2　4章18節
わたしたちは見えるものではなく、見えないものに目を注ぎます。見えるものは過ぎ去りますが、見えないものは永遠に存続するからです。

■コロサイの信徒への手紙　3章13節
互いに忍び合い、責めるべきことがあっても、赦し合いなさい。主があなたがたを赦してくださったように、あなたがたも同じようにしなさい。

■テサロニケの信徒への手紙1　5章16～18節
いつも喜んでいなさい。絶えず祈りなさい。どんなことにも感謝しなさい。これこそ、キリスト・イエスにおいて、神があなたがたに望んでおられることです。

■ヨハネの手紙1　4章7～8節
愛する者たち、互いに愛し合いましょう。愛は神から出るもので、愛する者は皆、神から生まれ、神を知っているからです。愛することのない者は神を知りません。神は愛だからです。

16 キリスト教の大まかな分類

正教会 (Orthodox Church)

【Orthodox＝オーソドックス＝正統派】

325年、ニケーア公会議で正統派であることを決定。ローマ帝国の国教となり、他のキリスト教グループをすべて排除してローマ唯一の宗教となり、現在まで残る最古の形のキリスト教となった。主に東ヨーロッパからロシア、ギリシアに広がっている。日本にはロシアから入ったため、東日本から東北・北海道に教会が多い。「東方正教会」「ギリシア正教」と呼ばれる場合も多い。

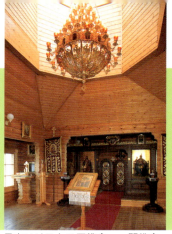

日本ハリストス正教会　一関教会

ローマ・カトリック教会 (Roman Catholic Church)

【Catholic＝カトリック＝普遍的な】

1054年、教会大分裂によって正教会と分離したローマ教会を中心に中央集権型の組織を持つ教会。その最高指導者がローマ教皇（法王）。
ローマのヴァティカン市国を総本山として、主に西ヨーロッパや南米などに拡大した。日本には1549年、種子島にザビエルが上陸して伝来。信徒は「キリシタン」と呼ばれ、長く禁教されたが、1873年（明治6年）に解禁された。

カトリック　たかとり教会

プロテスタント教会 (Protestant Church)

【Protestant＝抵抗者】

16世紀前半のルターやカルヴァンなどの宗教改革によって、カトリックから離脱した人々。カトリックに抵抗したため「抵抗者」たちと呼ばれることに。聖書を自分で解釈することを重視するため、考え方によって無数に教派が分かれ、西北ヨーロッパ、英米に拡大した。
日本では主にキリシタン禁制の解かれた後、伝道が活発になり、当初「ヤソ教」と呼ばれた。

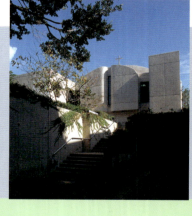

日本基督教団
首里教会

聖公会 (Anglican Church)

【英国国教会系の教会】

1534年、ヘンリ8世が国王を教会の首長とする首長法を発したことにより、カトリックから離脱した。プロテスタントに含める考え方と、独自のものという考え方がある。

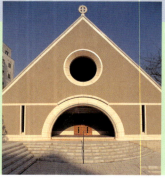

日本聖公会　聖アンデレ教会

撮影・児島昭雄

キリスト教には無数の教派／宗派がある。特にプロテスタントではそれぞれの特徴を持つ教団が星の数ほど存在する（右ページ参照。ただし右ページにおいても、プロテスタントは代表的なものだけを記載している）。
しかし、一般常識的には以上の3つ、または4つの分類で分けるのがわかりやすい。
これは大まかな分類であるが、通常の会話ではこれでじゅうぶんである。成立した順番に上から並べてある。

17 キリスト教の諸教派

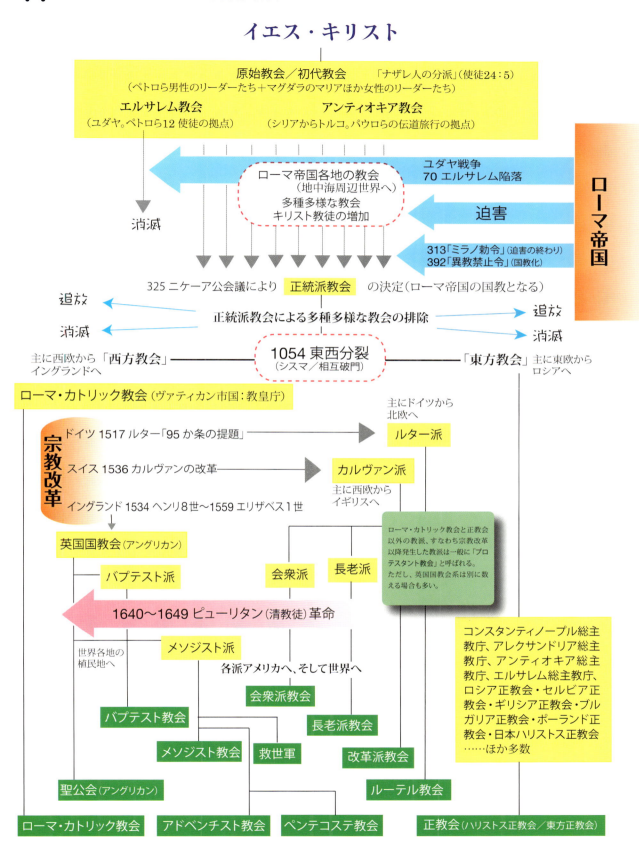

18 キリスト教の礼拝と儀式

(例)あるプロテスタント教会の礼拝順序

前奏
招きの言葉の朗読
賛美歌を歌う
信条を告白する
賛美歌を歌う
主の祈りをささげる
聖書を読む／朗読を聴く
司式者の祈り
説教
説教者の祈り
賛美歌を歌う
聖餐式
献金をささげる
感謝の祈りをささげる
賛美歌を歌う
牧師が祝祷する
頌栄(短い賛美歌)を歌う
後奏

所要時間はたいてい1時間半から2時間。

▶プロテスタントは、礼拝の中心が説教であることが多い。
▶カトリックのミサでは、必ず聖餐式／聖体拝領が行われる。

聖礼典

聖餐式と洗礼式のことをプロテスタントでは聖礼典と呼ぶ。

聖餐式(プロテスタント) 聖体拝領(カトリック)

【ユーカリスト(Eucharist)または「主の晩餐」とも】

パンをキリストの体として食べ、ぶどう酒(ぶどう液)をキリストの血として飲む儀式。

イエス・キリストが十字架にかかって、人々のために血を流し、体を裂かれたことを思い起こす食事。

プロテスタントの聖餐式では、パンとぶどう液が個人に配られることが多いが、1つのパンを裂き、1つの杯を回し飲みする教会もある。

カトリックの聖体拝領では、ホスティアと呼ばれるウェハースのようなパンが、列になった信徒に配られる。

聖公会では列になった信徒にホスティアもぶどう酒も与えられる(聖公会では礼拝そのものを「聖餐式」と呼ぶ)。

聖餐式のパンとぶどう液

ホスティアを授かる少女

洗礼式
【バプテスマ(Baptism)】

キリスト教会への入会儀式。
水を使って、罪を洗い流し、これまでの自分が死んで、新しい自分に生まれ変わり、新しい人生が始まるとする。

カトリックでは洗礼・聖体・堅信・ゆるし(告解)・病者の塗油・叙階・結婚を秘跡と呼ぶ。

19 キリスト教の祈り

自由祈祷
自ら考えた言葉で祈る。
礼拝では、祈りの終わりに**アーメン**を全員で唱和し、これによって全員の祈りとする。
▶プロテスタントは自由祈祷が多い。

成文祈祷
定められた祈りの言葉を、全員で唱和する(「主の祈り」など)。
祈祷文を朗読する場合が多いが、続けて礼拝に参加している人は、そらんじている人も多い。
▶カトリックと聖公会は成文祈祷が多い。聖公会の教会には**祈祷書**が置いてある。

自由祈祷の順序

神への呼びかけ	・天にいらっしゃる私たちの神さま…… ・すべての命の創り主である神さま……
感　謝	・毎日の食事を私たちに与えてくださってありがとうございます…… ・今日もあなたに生かされていることを心から感謝します…… ・○○さんにお会いできたことを感謝します……
悔い改め	・私たちがあなたへの感謝を忘れがちであることをおゆるしください…… ・今日私は○○さんを傷つけてしまいました。悪かったと思います…… ・私が自分で気づかずに罪を犯したら、気づかせてください……
願　い	・今日も明日も、私たちの食べる物を与えてください…… ・この世から戦争がなくなり、すべての人が平和に暮らせますように…… ・○○さんの旅の安全をどうかおまもりください……
しめくくりの言葉	・この祈りを、イエス・キリストの名によっておささげします…… ・この感謝と祈りを主の御名によってお聴きください…… ・イエスの名によって…… アーメン

† 上記は一例。呼びかけと「イエス・キリストの名によって……アーメン」のしめくくり以外は自由。

アーメン

אָמֵן
【Amen】

ヘブライ語で「そのとおりです」「賛成」などの承認の言葉。
祈りの最後に全員で声を合わせて唱和することで、全員の祈りとなる。
『聖書 新共同訳』にあるイエスの「はっきり言っておく」という言葉は、直訳すると「アーメン、あなた(がた)に言う」である。

「祈りの手」(デューラー)

20　キリスト教の祭日　代表的な教会暦

	教会暦・祝日	典礼色	日付と意味
11月〜12月	アドベント（待降節）	紫	【Advent 12月25日の前の4つの日曜日を含む期間】 キリストの誕生を待ち望み、準備をする期間。 「アドベント（Adventus）」はラテン語で「接近する」。
	クリスマス（降誕節）	白	【Christmas/Xmas 12月25日〜1月6日】 イエス・キリストの誕生を祝う時期。 東方教会（正教会）では1月6日に祝う。西方教会では4世紀に12月25日をキリストの生誕日と決めたため、12月25日から1月6日までを正統派教会のクリスマス期と定めた。「Christmas」は、英語で「キリストのミサ」。
1月	エピファニー（公現節）	緑	【Epiphany 1月6日〜灰の水曜日の前日（2〜3月）】 赤ん坊のイエスを東方から占星術の学者（マギ／博士）たちが訪ねてきて出会ったという聖書の記事にちなみ、キリストが公に姿を現したことを祝う。「顕現節」とも言う。「エピファニア（Epiphania）」はギリシア語で「輝き出る」。
2月〜3月	レント（受難節、四旬節）	紫	【Lent イースターの前、日曜日を除く40日間】 キリストが苦難を受けたことを思い起こし、十字架の苦しみと死を心に刻む期間。断食を行う人もいる。 初日の水曜を「灰の水曜日（Ash Wednesday）」と呼ぶ。「灰」を額に塗り、深い悔い改めや悲しみを表す。 「レント」という言葉は元来はゲルマン語で「春」を表す。
4月	受難週	紫	【Passion Week レントの最後の1週間】 キリストが受難した最後の1週間を共に歩む日々。「聖週間（Holy Week）」とも言う。 1日目の日曜は「棕櫚の日曜日（Palm Sunday）」といい、イエスのエルサレム入城を記念する。 木曜日は「洗足木曜日」。イエスが弟子たちの足を洗ったという聖書の記事にちなんでいる。 「パッション（Passion）」は英語で「受難」。
	受難日（聖金曜日）	黒	【Good Friday 受難週の金曜日】 イエスが十字架で処刑された日を記念し、喪に服する。
	イースター（復活節）	白	【Easter 春分の日の直後に来る満月の次の日曜日以降】 キリストが処刑から3日目の日曜日に復活したことを祝う。 キリスト教が礼拝を日曜日の朝に行うようになったのも、日曜日を復活の日と定めたことから。
5月〜6月	ペンテコステ（聖霊降臨節）	赤	【Pentecost イースターから50日後の日曜日以降】 イエスの弟子たちに聖霊がくだった出来事を記念する。 「教会の誕生日」と呼ばれる場合もある。 「ペンテコステ」はギリシア語で「50日目」の意味。

▶「典礼色」は一例。礼拝堂のバナーや牧師／神父のストールなどで表現されることが多い。
▶赤い文字の祭事が、いわゆるキリスト教の「三大祭」と呼ばれる。

21　キリスト教のシンボル

ケルト十字架
ハイ・クロスとも呼ばれる巨大な石のケルト十字架がアイルランドの各地で見られる。この形は、アクセサリーのデザインにも好んで使われる。

東方教会の十字架
上部の横木は十字架上で処刑された時の罪状書き。上下の横木のないシンプルなものは「ラテン十字架」。

キー・ロー
ギリシア語で「キリスト」と書いたときの最初の2文字だけで、キリストを表す。
ΧΡΙΣΤΟΣ＝クリストス

アルファとオメガ
ギリシア語の最初の文字 Α（アルファ）と最後の文字 Ω（オメガ）で、「初めであり、終わりである」永遠の神を表す。

I.N.R.I.
十字架上に記されていたとされる罪状書きのラテン語「ユダヤ人の王、ナザレのイエス」の頭文字。"Iesus Nazarenus Rex Iudaeorum"

小羊
人間の罪の身代わりに、いけにえとして命をささげられる小羊。キリストがご自身をいけにえの小羊としてささげ、人間の罪を取り去ったことを示す（ヨハネ1：29）。

オリーブの若枝をくわえたハト
平和・希望の象徴。ノアの洪水の終わりに、ハトがオリーブの葉をくわえてくる（創世記8：11）。オリーブは国連旗にも使われる。ハトは聖霊の象徴（マルコ1：10）。

イクトゥス（魚）
ギリシア語で「イエス・キリスト、神の子、救い主」の頭文字をとると「魚」を意味する単語になる。迫害の時代には、魚の絵が信徒どうしの暗号だったという説もある。

4福音書のシンボル
4つの福音書の作者は、それぞれ4つの動物によって象徴されている。人間（マタイ）、獅子（マルコ）、牛（ルカ）、鷲（ヨハネ）である。エゼキエル書1章5〜10節に登場する生き物に基づいている。
（写真・同志社香里中学高校礼拝堂ステンドグラス）

22　ヘブライ人・イスラエル人・ユダヤ人

聖書を生み出した伝統を持つ民族は、3種類の呼び名を持っている。
たとえば、新約聖書にいくつもの手紙を残したパウロは**ユダヤ人**と呼ばれていたり（使徒言行録22章3節ほか）、自分でも自分のことを**ヘブライ人**とも**イスラエル人**とも言っている（コリントの信徒への手紙二11章22節）。
この3つの呼び名はそれぞれどんな意味があり、どのように使い分ければよいのだろうか？

ヘブライ語で「イブリ」（向こう側／川向こうの人／よそ者）
2000BCE 頃以降、他の土地からパレスチナ地方（カナン地方）に移住してきたイスラエル諸部族の先祖たちが、先住民から「（ヨルダン川の向こうから来た）よそ者」と呼ばれていたことから、いつの間にか自分たちの呼び名となったのではないかと推測されている。
またこの人々は各地（たとえばエジプトなど）からの逃亡奴隷であった可能性もある。

ヘブライ語で「イスラエル」（神と争う者／神は強い）
1200年代BCE後半以降、パレスチナ地方に移住し定着した「イブリ」たちは、やがて十二部族の連合となってまとまり、「イスラエル」の名を名乗るようになった。
創世記32章29節に、ヤコブが神と格闘したことから、「神と争う者」という意味で「イスラエル」という名前を神から授かった物語にちなんで名乗られる。
この部族連合が統一されてイスラエル王国となった。

ヘブライ語で「イェフディ」（ユダ人たち）
「ユダ」（イェフダ）はヘブライ語で「賛美／感謝」
928BCE、イスラエル王国が分裂し、北王国イスラエルと南王国ユダに分かれる。
721BCE にアッシリアに滅ぼされた北王国の民は、他の地域からの諸民族と混ぜられてイスラエルの純粋性を失い、**サマリア人**と呼ばれるようになる。
586BCE にバビロニアに滅ぼされた南王国の民は、強制連行される（**バビロン捕囚**）。この時から「ユダ人」と呼ばれているのが、実は日本語で言う「ユダヤ人」。

サマリア地方の人々
北王国の民の末裔。多民族と交わったため（上記参照）、ユダ人たちから「汚れた民」と著しく嫌われるが、イスラエルの子孫である意識は高く、独自の「サマリア五書」（ヘブライ語聖書の律法にあたる）などを守っている。

現在は、国名としての**イスラエル国**、民族名としての**ユダヤ人**、宗教名としての**ユダヤ教**、言語としての**ヘブライ語**、という使い方をするのが一般的である。

23　ユダヤ教の暦と祭日

ユダヤ教の祭事はキリスト教に大きな影響を及ぼしている。
まずイエス自身がユダヤ教徒であり、ユダヤ人社会に生きた人であった。そして新約聖書の記事もユダヤの祭事に基づいて書かれた部分が多いからである。
（下記のユダヤ暦では、キリスト教と関係が深いものだけを紹介する）

西暦	ユダヤ暦月	ヘブライ語
3～4月	第1月	ニサン
4～5月	第2月	イヤール
5～6月	第3月	シバン
6～7月	第4月	タムーズ
7～8月	第5月	アヴ
8～9月	第6月	エルール
9～10月	第7月	ティシュリ
10～11月	第8月	マルヘシュバン
11～12月	第9月	キスレーヴ
12～1月	第10月	テベット
1～2月	第11月	シュバット
2～3月	第12月	アダル

ペサハ（ニサンの月 15～21日）

「過越祭」（過越の祭り。英語で Passover）
イスラエルのエジプト脱出（出エジプト）を記念する祭り。
出エジプト記12章に記されたように、小羊と種なしパン（マッツァ：酵母が入っていないパン）を主とした食事をする。
小羊の命を人間の身代わりとしてささげることから、イエスが人間の身代わりに十字架につけられた「過越の小羊」、「神の小羊」であるという信仰が生まれた。共観福音書では「主の晩餐」（最後の晩餐）は過越祭の食事であるとされている。

ペサハ（過越祭）の食事
エジプトでの奴隷生活の苦しみを思い起こす苦菜、工事で使ったレンガを思い出す赤い豆のペーストなどが並ぶ。

シャブオット（シバンの月 6日）

「五旬節」（7週の祭り。英語で Pentecost）
ペサハから7週目（約50日）に祝う大麦の収穫祭。この日にイエスの弟子たちに聖霊がくだったとされる。ギリシア語で「ペンテコステ（50日目）」という。

ヨム・キプール（ティシュリの月 10日）

「大贖罪日」（贖いの日。英語で Day of Atonement）
民のすべての罪を身代わりの山羊（スケープ・ゴート）に載せて追い払い、同時に罰の身代わりの小羊をいけにえとしてささげる行事。「贖いの小羊」と呼ばれる信仰のもうひとつの起源。

「神の小羊」（スルバラン）

スコット（ティシュリの月 15～21日）

「仮庵祭」（仮庵の祭り。英語で Feast of Tabernacles）
エジプト脱出後、荒れ野において仮庵で40年間暮らしたことを記念し、草ぶきの小屋を作ってそこで7日間食事をする行事。
イエスがエルサレムに入城した時は、葉のついた枝を持って行進する仮庵祭の行列に混じってであったとされる。

ハヌカ（キスレーヴの月 25日から1週間）

「神殿奉献祭」（清めの祭り。英語で Hanukah）
168-141BCEのマカバイ戦争でエルサレム神殿を奪回し、独立を果たしたことを記念する。クリスマスの時期と重なる。

24　人間の創造と宗教の起源

ホモ・サピエンスが地球上に広がる

ホモ・サピエンスの発生はアフリカ中央部とされている

2つの天地創造物語
創世記1章1節〜2章4節前半（7日間の天地創造）
創世記2章4節後半〜25節（土からのアダムと女の創造）

シャニダール洞窟の埋葬化石
イラク北部の洞窟で、胸に花の花粉が大量に残ったネアンデルタール人の埋葬の跡が発見された。これがおそらく霊長類の最初の宗教行為（約20万年前）。ホモ・サピエンスもおそらく同様の宗教行為をしていた可能性がある。

アニミズム
最初の人類は世界のすべての存在に霊が宿り、活動させていると考えた。

祖霊信仰
自分たちの部族や家族の中で亡くなった人の霊が、死後も存在しており、自分たちを見守っていると信じる。

多神教
やがて人類は、人間社会の長たちのように、多くの霊的な存在（神々）がおり、世界や人間の運命を支配すると考えるようになった。

日本
神道　アニミズムを源流とする日本独特の宗教
日本仏教　祖霊信仰と仏教が結びつき、日本独特の仏教を形成

拝一神教
多くの神々の中で、自分たちの部族や民族を守る特定の神を礼拝するようになる。

唯一神教
この世界を支配しているのは、多くの神々ではなく、ただおひとりの神であるという信仰が生まれる。

ユダヤ教　ユダヤ人は、拝一神教から始め、やがて世界で初めて唯一神教を生み出した。

キリスト教　ユダヤ教の一派から始まり、イエスをメシア／キリスト（救い主）と告白した。

イスラーム　ムハンマドを最終預言者として生まれた、最も新しい唯一神教。

（→p.4参照）

25 聖書の世界

聖書のおもな舞台

聖書の時代

［創世記2章10－14節］

エデンから一つの川が流れ出ていた。園を潤し……
第三の川の名はチグリスで、アシュルの東の方を流れており、第四の川はユーフラテスであった。

現代の中東

ユーフラテス川上流（トルコ）

26　族長の時代

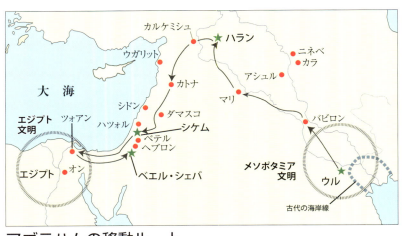

アブラハムの移動ルート

アブラハム（アブラム）の召命
［創世記 12 章 1－2 節］

主はアブラムに言われた。
「あなたは生まれ故郷
父の家を離れて
わたしが示す地に行きなさい。
わたしはあなたを
　大いなる国民にし
あなたを祝福し、
あなたの名を高める
祝福の源となるように。」

歴史

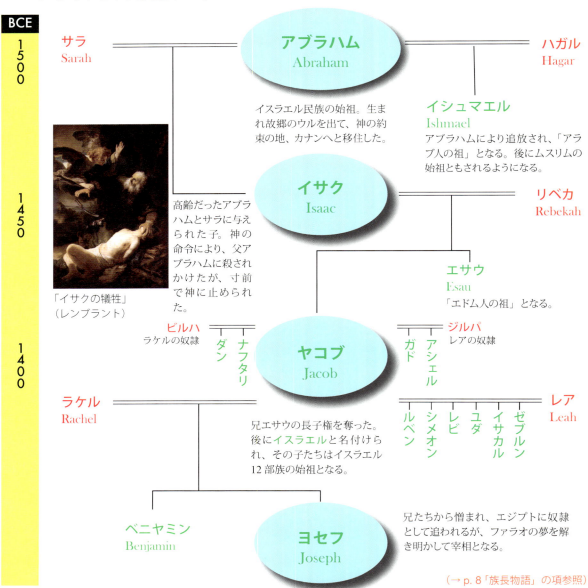

BCE
1500

サラ Sarah ― **アブラハム Abraham** ― **ハガル Hagar**

イスラエル民族の始祖。生まれ故郷のウルを出て、神の約束の地、カナンへと移住した。

イシュマエル Ishmael
アブラハムにより追放され、「アラブ人の祖」となる。後にムスリムの始祖ともされるようになる。

1450

「イサクの犠牲」（レンブラント）

イサク Isaac ― **リベカ Rebekah**

高齢だったアブラハムとサラに与えられた子。神の命令により、父アブラハムに殺されかけたが、寸前で神に止められた。

エサウ Esau
「エドム人の祖」となる。

1400

ビルハ（ラケルの奴隷） ― **ヤコブ Jacob** ― **ジルパ**（レアの奴隷）

ダン／ナフタリ　ガド／アシェル

ラケル Rachel ― **レア Leah**

ルベン／シメオン／レビ／ユダ／イサカル／ゼブルン

兄エサウの長子権を奪った。後にイスラエルと名付けられ、その子たちはイスラエル12部族の始祖となる。

ベニヤミン Benjamin ― **ヨセフ Joseph**

兄たちから憎まれ、エジプトに奴隷として追われるが、ファラオの夢を解き明かして宰相となる。

（→ p. 8「族長物語」の項参照）

27 出エジプトからカナン定着へ

BCE 1300

アムラム ＝ ヨケベド
　├ モーセ Moses
　├ アロン（兄）
　└ ミリアム（姉）

出エジプト

ラメセス2世の治世（位1279頃–1213BCE頃）に起きた出来事とされる（推定1280–1230BCE）。エジプトで奴隷にされていたヨセフの子孫（イスラエルの民）がモーセに率いられカナンの地を目指す。その旅の途上のシナイ山で、民は神と契約を結ぶ（十戒）。

モーセ
イスラエルの民でありながらエジプトの宮廷で育てられた。しかしイスラエルの民を奴隷として苦しめるエジプト人を殺害。逃亡先のミディアンで新しい生活を始めるが、そこで神と出会い、出エジプト（エジプト脱出）の指導者となる。

出エジプトのルート

「十戒の板を割るモーセ」（レンブラント）

1250

カナン定着

ヨルダン川西岸にたどりついたイスラエルの民はカナンの地に侵攻し、手に入れた土地を12部族に分け与える。

ヨシュア Joshua
モーセの後継者。イスラエル人の部族連合を導き、神の「約束の地」とされたカナンの地を占領した。

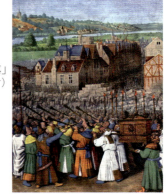

「エリコ陥落」（フーケ）

1200

士師の時代

1200–1020BCE頃。イスラエルの民を12人の「士師」と呼ばれる指導者が導いた。

12人の士師たち（士師記への登場順）
① オトニエル　（3章7節以下）
② エフド　　　（3章12節以下）
③ シャムガル　（3章31節）
④ デボラ　　　（4章1節以下）
⑤ ギデオン　　（6章1節以下）
⑥ トラ　　　　（10章1節以下）
⑦ ヤイル　　　（10章3節以下）
⑧ エフタ　　　（11章1節以下）
⑨ イブツァン　（12章8節以下）
⑩ エロン　　　（12章11節以下）
⑪ アブドン　　（12章13節以下）
⑫ サムソン　　（13章1節以下）

イスラエル12部族によるカナン分割

「獅子と戦うサムソン」（クラナハ）

28 統一王国時代

BCE 1000

「ダビデ像」（ミケランジェロ）

油注ぎの儀式

サムエル Samuel

1050–1020BCE 頃活動した預言者。イスラエルに王がいなかった時代に指導者として活躍。
自身はイスラエルが王国になることを望んでいなかったが、民が王を求めたので、サウルを、続いてダビデを王とした。

ダビデ David

イスラエル王国第2代の王（1000頃–967BCE）。羊飼いであったがサムエルに見出される。サウルに仕える中でペリシテ軍と戦い英雄となる。後に王となり、王国の繁栄の基礎を築く。

サウル Saul

イスラエル王国初代の王。後に、ダビデをねたんで殺そうとした。

「サウルの前で琴を弾くダビデ」（レンブラント）

バト・シェバ（ウリヤの妻）

900

ソロモン Solomon

イスラエル王国第3代の王（967–928BCE）。知恵に優れ、国力を増進させ、イスラエルに黄金時代をもたらした。またダビデの遺志を継ぎ、神殿を建設した（956BCE頃）。

928BCE 頃のソロモンの没後、王位継承争いをきっかけに王国は南北に分裂した。
それぞれの王国で王は頻繁に入れ替わり、世は乱れるが、「預言者」たちが王や民を戒め、指導しようとした。

800

預言者……神の言葉を預かり、民に伝える人。
　宗教・政治・社会の腐敗を警告し、神の道に立ち返るよう呼びかけた。また、失望している民には、希望を語りかけた。

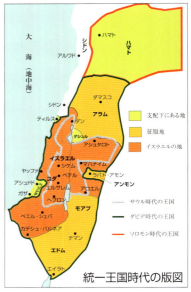
統一王国時代の版図

南北王国分裂時代の預言者たち

エリヤ	北王国（オムリ王時代 878–845BCE）。バアル宗教と対決した。
エリシャ	エリヤの弟子。北王国のイエフ王を助けた。
アモス	南王国出身だが、北王国の支配階級を批判、王国の滅亡を預言した。
ホセア	北王国末期、内政の混乱を批判した。
イザヤ	8世紀BCEに南王国のエルサレムで活躍した。ユダの外交・内政の危機に対して、王に近い立場で預言した。
ミカ	イザヤと同時代に南王国の滅亡を預言した。
エレミヤ	南王国の滅亡を預言した。
エゼキエル	南王国の滅亡、バビロン捕囚の時代に幻を見る。捕囚されたユダの人々（後のユダヤ人）に神殿再興などの希望を預言。

南北分裂時代の版図

29 バビロン捕囚からローマ支配下へ

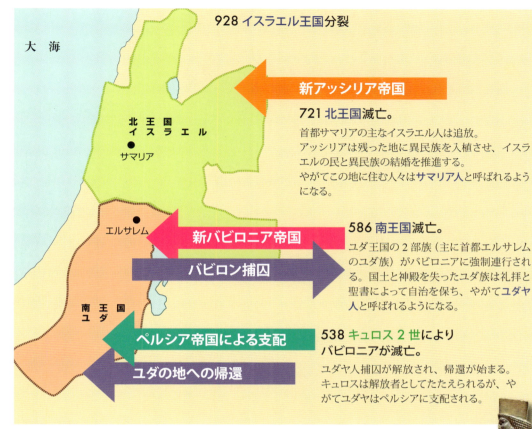

BCE
700
600
500
400
300
200
100

928 イスラエル王国分裂

大海

新アッシリア帝国
721 北王国滅亡。
首都サマリアの主なイスラエル人は追放。アッシリアは残った地に異民族を入植させ、イスラエルの民と異民族の結婚を推進する。やがてこの地に住む人々はサマリア人と呼ばれるようになる。

北王国イスラエル
サマリア

新バビロニア帝国
バビロン捕囚

586 南王国滅亡。
ユダ王国の2部族（主に首都エルサレムのユダ族）がバビロニアに強制連行される。国土と神殿を失ったユダ族は礼拝と聖書によって自治を保ち、やがてユダヤ人と呼ばれるようになる。

エルサレム
南王国ユダ

ペルシア帝国による支配
ユダの地への帰還

538 キュロス2世によりバビロニアが滅亡。
ユダヤ人捕囚が解放され、帰還が始まる。キュロスは解放者としてたたえられるが、やがてユダヤはペルシアに支配される。

330 マケドニアによる支配
　　（アレクサンダー大王、ペルシアを滅ぼす）
301 プトレマイオス朝エジプトによる支配
198 セレウコス朝シリアによる支配
168-141 マカバイの乱
　　（ユダヤのハスモン家による反乱、自治を勝ちとる）
134-63 ハスモン家による一時的なユダヤ人国家独立の実現
63 ローマ帝国のエルサレム占領（ユダヤは属州シリアに併合される）

キュロス2世

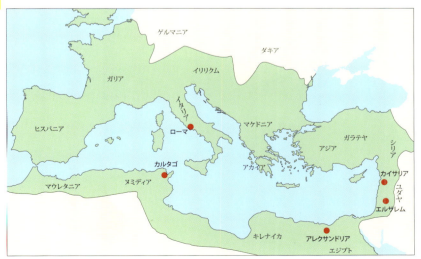

1世紀CE
ローマ帝国の領域

30 イエス時代のパレスチナ

ガリラヤ
イエスが育ち、初期の活動を行った地域。農業・漁業（ガリラヤ湖）・商業が盛んで、さまざまな民族（ユダヤ人から見れば異邦人）が行き来した。またこの地方は方言が強かった。民族の純粋性を重んじるエルサレムのユダヤ人はガリラヤ人を差別していた。

サマリア
北王国イスラエルの滅亡（721BCE）以来、異邦人との結婚が進められたため、イスラエルの純粋性が汚されたとして、サマリア人はユダヤ人全体から差別されていた。（→ p.28）

ユダヤ
神殿があり、当時のユダヤ人社会の信仰、経済、政治の中心であった。イエスの最終活動地であり、十字架で処刑された地でもある。イエスが誕生した時はヘロデ大王が、イエスが受難した時は総督ピラトが支配しており、ローマ軍が駐留していた。

イドマヤ
「エドム人の土地」という意味。
ヘロデ大王の出身地。ヘロデは純粋なユダヤ人ではないため、民衆から嫌われた。

デカポリス
ギリシア語で「10の都市」。ギリシア風（ヘレニズム風）の都市が10も建設され、ユダヤ人はこの異邦人の町々を嫌い、敬遠した。

（→ p.15 参照）

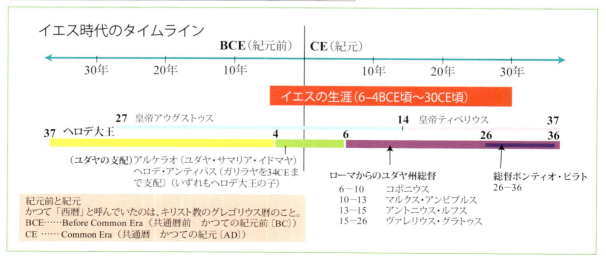

31 キリスト教の誕生――パウロの伝道

イエスからパウロへ

年代	出来事	ユダヤ支配者	ローマ皇帝
6–4BCE	イエスの誕生	ポンティオ・ピラト（ユダヤ総督。位26–36）	アウグストゥス（位27BCE–14CE）
30CE頃	イエスの死。復活のイエスとの出会い相次ぐ		
	聖霊降臨（ペンテコステの出来事。使徒2章）		ティベリウス（位14–37）
	ヘブライオイとヘレニスタイの分離（使徒6章）		
32頃	ステファノ殉教		
33頃	パウロの回心		
	アンティオキア教会を拠点に異邦人伝道	ヘロデ・アグリッパ1世（ユダヤ王。位37–44）	カリグラ（位37–41）
	この頃「キリスト者（クリスティアノイ）」と呼ばれ始める		
	ヘロデ・アグリッパ1世、ヤコブを処刑、ペトロを投獄		
47頃	パウロの第1伝道旅行		クラウディウス（位41–54）
48	エルサレム使徒会議（使徒15章）		
49頃	パウロの第2伝道旅行		
53頃	パウロの第3伝道旅行		
57–58	パウロ、コリントにとどまる		
50年代	パウロの手紙の多くが書かれる		
58–60	パウロ、カイサリアに軟禁される		ネロ（位54–68）
60	パウロ、ローマに移送される		
61–63	パウロ、ローマで軟禁される[パウロの手紙のいくつかが書かれる]		
67	パウロ、ローマで処刑される（推定）		
66–70	ユダヤ戦争		
70	エルサレム陥落、神殿炎上		
65–125	4福音書が書かれる		

パウロの第1伝道旅行（使徒13–14章）

パウロの第2伝道旅行（使徒15：39–18：22）

パウロの第3伝道旅行（使徒18：23–21：6）

「手紙を書くパウロ」（ブローニュ）

パウロのローマへの旅（使徒27：1–28：16）

32 新約聖書の執筆と編集

現在も残っているコリントの遺跡

● は、パウロの手紙の宛て先となった教会。
✚ は、ヨハネの黙示録に出てくる手紙の宛て先となった7つの教会。
エフェソは両方に該当する。

執筆年代（パウロ書簡、福音書、黙示録）

50年頃	テサロニケの信徒への手紙1
50年代	フィレモンへの手紙、ガラテヤの信徒への手紙、フィリピの信徒への手紙、コリントの信徒への手紙1、2
58年頃	ローマの信徒への手紙
70年頃	マルコによる福音書
70年代	コロサイの信徒への手紙
80年代	マタイによる福音書、ルカによる福音書、テサロニケの信徒への手紙2
90年代	エフェソの信徒への手紙、テモテへの手紙1、2、テトスへの手紙
100年代	ヨハネによる福音書、ヨハネの黙示録

《パウロによる手紙》
《パウロの名による手紙》偽名書簡とも呼ばれる

共観福音書の4資料仮説

「Q資料」はイエスの語録を集めたもの。
「M」はマタイに独自の資料。
「L」はルカに独自の資料。

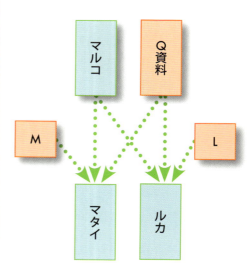

33 迫害から公認　ローマの国教へ

2世紀における教会のおもな所在地

アンティオキア教会の遺跡
洞窟を利用して作られた教会。パウロとバルナバの伝道拠点。ここで初めて信徒たちが「キリスト者」と呼ばれるようになったとされる（使徒 11:26）。ここではユダヤ人と異邦人が合同で礼拝をし、聖餐を分かち合っていた。

CE			
64	ローマの大火、**ネロ帝の迫害**		ネロ（位54-68）
66–70	**ユダヤ戦争**		
70	ローマによりエルサレム陥落、神殿炎上		
95–96	ドミティアヌス帝の迫害		五賢帝時代（96-180）
132–135	バル・コクバの乱（第2次ユダヤ戦争）		
177	マルクス・アウレリウス帝の迫害		
250	デキウス帝の迫害		
303–304	ディオクレティアヌス帝の大迫害		
311	ガレリウス帝の勅令（キリスト教の容認）マクシミヌス・ダイア帝は迫害を継続		コンスタンティヌス（副帝位306-、皇帝位324-337）
313	**コンスタンティヌス帝**、キリスト教のシンボルを軍旗に描き、戦勝して帝国の西半分の単独支配者となる。これにより、キリスト教迫害を止める勅令を出す（**ミラノ勅令**）		
321	日曜日を休日とする法令		
324	全ローマ兵にキリスト教の礼拝を命ずる勅令		
325	**ニケーア公会議**。アタナシウス派を正統派に。アリウス派は異端に→ゲルマン諸族へ布教		
330	帝国はローマからビザンティウムに都を移し、コンスタンティノープルと改名（現在のイスタンブール）		
380	**テオドシウス帝**のキリスト教信仰令		テオドシウス（位379-395）
381	コンスタンティノープル公会議。「三位一体論」の確認		
392	テオドシウス帝の**異教禁止令（国教化）**		

皇帝ネロ（位 54–68）
キリスト者たちにドミティアヌスとともに非常に恐れられた。64年のローマの大火の責任をキリスト者に帰し、迫害を行った。ヨハネの黙示録の「666」の獣（13章18節）はネロを表す暗号とも言われる。
ヘブライ語はアルファベットが数字をも表す。ヘブライ語で「ネロ皇帝」と書くと、「666」になる。

ネロ皇帝
ネローン・ケーザル
N R W N Q S R
50+200+6+50+100+60+200=666

6は「不完全」を意味する。「666」は、不完全が3つ集合し、「もっとも不完全なもの」を意味する。

皇帝コンスタンティヌス（位 306–337）
政敵の正帝マクセンティウスとの戦争中、空中に十字架を見、「これにて勝て」という言葉が聞こえたという。そこで十字架の旗を掲げ戦い勝利し、最終的には単独皇帝となる。
これ以降、十字架はローマ帝国公認のキリスト教のシンボルとなる。

34 東西分裂

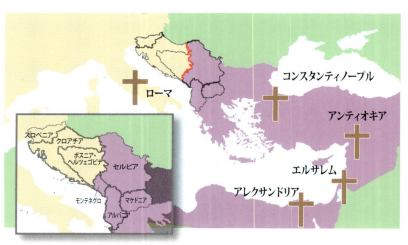

ローマの東西分裂と五大総主教座

962年、神聖ローマ帝国を成立させたオットー1世によって作られたとも言われる冠。代々の神聖ローマ帝国皇帝に継承されていった。

旧ユーゴスラヴィアの中央をまたぐ形でローマ帝国が東西に分裂した（現在のボスニア・ヘルツェゴビナとセルビアの境界線とほぼ一致）。
東方は分権型の各地の正教会として残り、西方はローマを頂点とした中央集権型の教会となった。

歴史

CE		西方の歴史		東方の歴史
	375	ゲルマン諸族の大移動始まる → 西ローマ地方に進出		
	395	皇帝テオドシウス没。ローマ帝国が東西に分裂（西ローマ帝国と東ローマ（ビザンツ）帝国）		
		ローマの総主教が教皇と呼ばれ始める		
400	397	カルタゴ教会会議 → 聖書の正典範囲決定（→ p.18）		
	405	ヒエロニムス『ウルガータ』完成（→ p.18）		
	431	エフェソス公会議 → ネストリウス派、異端とされ、ササン朝ペルシアや中国へ布教（景教となる）		
	449	アングロ=サクソン族、ブリテン島に進出		
	451	カルケドン公会議 → 単性論を排除		
	476	西ローマ帝国滅亡、ローマ総主教の教皇皇帝主義始まる		
	481	ゲルマン系フランク王国建国（メロヴィング朝）		
500	496	クローヴィス（位 481—511）の改宗、フランク王国がキリスト教化（西方）	537	ハギアソフィア大聖堂（現アヤソフィア）再建（3代目）
	589	イベリア半島の西ゴート王国キリスト教化（西方）		
600	597	アングロ=サクソン族の改宗始まる	610頃	ヘラクレイオス1世（位 610—641）がギリシア語を公用語にする
700	732	フランク王国のカール・マルテル、トゥール・ポワティエ間の戦いでイスラームの西ヨーロッパ進出を阻止する	726	聖像禁止令（聖像崇拝論争）
	756	フランク王ピピン（カロリング朝）、領地をローマ教皇に寄進（ローマ教皇領の始まり）		
800	800	フランクのカール大帝、教皇レオ3世より戴冠（西ローマ復興）		
	843	ヴェルダン条約によりフランク王国が分裂		
	870	メルセン条約により西フランク（→後のフランス）・東フランク（→後の神聖ローマ帝国→ドイツ）・中部フランク（→後のイタリア）ができる		
900	962	東フランクのオットー1世、教皇ヨハネス12世より戴冠（神聖ローマ帝国の成立）		
1000	1054	ローマの教皇使節、東のコンスタンティノープル総主教に破門状（相互破門）→東西教会決定的分裂（教会大分裂、シスマ①）		
		ローマ・カトリック教会の成立〔カトリック=普遍的〕		コンスタンティノープル総主教を中心に各地の正教会が継続する

35　十字軍から宗教改革

CE		
1000	1077	カノッサの屈辱事件（ローマ教皇による神聖ローマ皇帝の破門）
	1095	セルジューク朝トルコ（イスラーム）がエルサレムを占領したので、ビザンツ皇帝アレクシオス1世が、ローマ教皇**ウルバヌス2世**（位1088–1099）に救援を依頼する
	1095	クレルモン教会会議（十字軍派遣決定）
	1096	第1回**十字軍**遠征（～1099）
	1099	十字軍エルサレム占領（エルサレム王国建設）
1100	1147	第2回十字軍（～1149）
	1189	第3回十字軍（～1192）。エジプトの**サラディン**によってエルサレムを奪回され、イスラーム勢力と一旦講和する
1200	1202	第4回十字軍（～1204）。コンスタンティノープルを占領し、ラテン帝国を建設
	1208	**アシジのフランシスコ**回心（→ p.47）
	1209	アルビジョワ十字軍（～1229）
	1212	少年十字軍
	1223	フランシスコ会、教皇により認可
	1261	ビザンツ勢力、コンスタンティノープルを奪回、ビザンツ帝国再興
	1265	**トマス・アクィナス**『神学大全』執筆（～1273）
	1270	第8回十字軍
	1291	十字軍最後の拠点アッコン陥落（十字軍終了）
1300	1309	教皇のバビロン捕囚事件（～1377。フランス国王による教皇の幽閉）
	1378	シスマ②（～1417。教会大分裂、2人の教皇）
	1382	**ウィクリフ**、英訳聖書完成
1400	1410	**トマス・ア・ケンピス**『キリストにならいて』
	1415	ヤン・フスに異端宣告、火刑に処せられる
	1431	ジャンヌ・ダルク、異端として火刑にされる
	1445	**グーテンベルク、活版印刷**を発明
	1453	オスマン・トルコ帝国、コンスタンティノープル占領（ビザンツ帝国滅亡）
	1508	**ミケランジェロ**（→ p.53）、**システィナ礼拝堂**の壁画に着手する
	1517	**マルティン・ルター**、「**95か条の提題**」発表
	1521	ルター（→ p.46）、破門される
	1522	ルターが独語訳聖書を完成（9月聖書）（→ p.18）
	1525	**ティンダル**、英訳『新約聖書』完成
	1524	ドイツ農民戦争（～1525）
	1534	英国**ヘンリ8世**の首長法（ローマ・カトリック教会との分離）
	1536	**ジャン・カルヴァン**『キリスト教綱要』執筆。スイス・ジュネーヴで宗教改革（→ p.46）
	1540	カトリック、**イエズス会**を認可。イエズス会は**対抗宗教改革**の先頭に立つ
	1545	トリエント公会議（～1563。対抗宗教改革）
	1549	イエズス会士ザビエル、鹿児島で伝道開始
	1555	英国メアリ1世の再カトリック化
	1555	アウクスブルク宗教和議
	1559	**エリザベス1世、英国国教会**を確立
	1568	カルヴァンの影響を受けた**ピューリタン**が、英国国教会から分離を開始する

十字軍の遠征
- 第1回（1096—1099）エルサレム王国建設
- 第3回（1189—1192）サラディンによるエルサレム奪回・講和
- 第4回（1202—1204）コンスタンティノープル占領

宗教改革の結果

プロテスタント　カトリック
英国国教会　正教会

36 世界への伝道──戦争の世紀

CE		世界		日本
1500	1563	「ハイデルベルク教理問答」（カルヴァン派の信条）成立		
	1577	「和協信条」（ルター派の信条）成立		
	1585	日本の天正少年使節団がローマ教皇に謁見		
1600	1607	英国のピューリタン、北米に移住を開始	1590	豊臣秀吉が日本を統一
	1612	英国でバプテスト派が起こる		
	1618	ドイツ、三十年戦争（～1648）		
	1620	ピルグリム・ファーザーズ（会衆派）がニュー・イングランドに上陸、ヴァージニアで黒人奴隷の使用が始まる		
	1633	ガリレイの異端審問	1637	島原の乱（～1638）
	1640	ピューリタン革命（主力は長老派と会衆派）（～1649）	1639	徳川家康により鎖国が完成する
	1648	英国でウェストミンスター信仰告白承認		
	1652	英国でフレンド派が起こる	1654	キリシタン禁制の高札が立てられる
1700	1707	大ブリテン王国成立		
	1719	ダニエル・デフォー『ロビンソン・クルーソー』執筆		
	1738	英国のジョン・ウェスレーが回心する		
	1740	ウェスレーによりメソジスト教会が起こる		
	1765	聖公会（英国国教会）初の黒人聖職者が誕生		
	1775	アメリカ独立戦争（～1783）		
1800	1806	神聖ローマ帝国の解体		
	1810	アメリカン・ボード設立される		
	1844	英国でYMCAが創立される		
	1861	アメリカ南北戦争（～1865）		
	1865	英国で救世軍が創立される	1868	明治維新、戊辰戦争（～1869）
	1900	ニューヨーク国際宣教会議（エキュメニカル運動の始まり）		
	1914	第一次世界大戦（～1918）		
	1933	ドイツにナチス政権誕生、教会闘争始まる（～1945）		
	1934	ドイツ告白教会、バルメン宣言を発表（→ p.63）		
	1939	第二次世界大戦（～1945）		
		カトリック初の黒人司教が誕生する		
	1940	日独伊三国同盟締結	1941	第二次世界大戦参戦、太平洋戦争へ（～1945）。日本基督教団成立
1900	1945	ディートリッヒ・ボンヘッファー殉教	1945	広島・長崎に原爆投下。降伏する
	1948	世界教会協議会（WCC）結成		
	1950	朝鮮戦争（～1953）		
	1955	M.L.キング、バス・ボイコット運動を開始（→p.45）		
		日米安保条約によって在日米軍基地が法制化される		
	1962	第2ヴァティカン公会議（～1965）		
	1964	ベトナム戦争（～1975）	1967	日本基督教団議長名で戦争責任告白が出される（→ p.63）
	1970	米国のルーテル教会初の女性牧師が誕生		
	1974	米国の聖公会初の女性聖職者が誕生		
	1979	マザー・テレサ、ノーベル平和賞受賞（→p.44）		
	1986	チェルノブイリ原発事故	1995	阪神淡路大震災
2000	2001	米国で同時多発テロ、アフガニスタンを攻撃		
	2003	米国聖公会初の同性愛者主教が誕生		
		米国がイラクに侵攻開始	2004	イラクに自衛隊を派遣
	2013	米国連邦最高裁判所、同性婚を実質的に認める	2011	東日本大震災、福島第一原発事故

天正少年使節団

ジョン・ウェスレー

D.ボンヘッファー

第2ヴァティカン公会議

マザー・テレサ、ノーベル賞受賞

長崎に投下された原爆によってキノコ雲が立ち上る

37 宗教多元化の時代

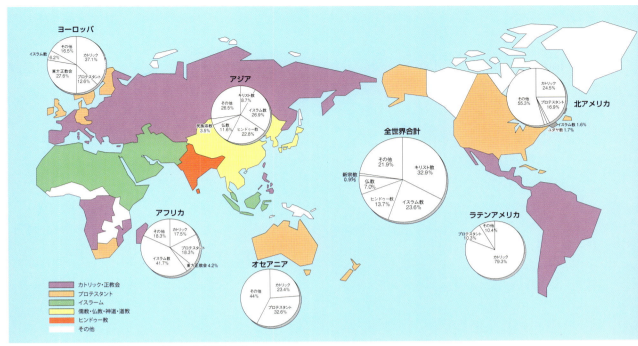

『キリスト教年鑑 2018 年版』より（キリスト新聞社刊）

宗教的多元主義 と 宗教的排他主義

宗教的多元主義（Religious pluralism）とは、さまざまな宗教が地球上に存在することを認め合い、お互いの価値を認め合いながら共存してゆこうという態度のこと。

近現代に入って、各宗教間の対話や理解が進んだので、すべての宗教はそれぞれの真理を保ちつつ、互いに対立せず、補い合うことができると考える。

カトリック教会においては第2ヴァティカン公会議（→ p.42）が「教会を知らなくても／キリスト教会でなくとも救いは得られる」と宣言し、この宗教的多元主義に大きく踏み出した。

これに対して**宗教的排他主義**（Religious exclusivism）は、1つの宗教（自らの宗教）だけが真理であり、他の宗教は「偽り」の「異教」または「邪教」とする。自らの宗教を信じる者だけが救われるのであり、他の宗教を信じる者は救われることなく地獄に落ちると考える。

現在は、この2つの主義が人類の間で対立して存在している。

万人救済主義（Universalism）

キリスト教信仰のあるなしにかかわらず、全人類が神の憐れみによって救われるという考え方。イエス・キリストの受難と十字架がすべての人の贖いを達成していると考える。

原理主義／根本主義（Fundamentalism）

正典に書いてあることを文字どおりに受け取ったり、他の宗教の価値観を認めない人に対する表現。「イスラーム原理主義」「キリスト教原理主義」など。

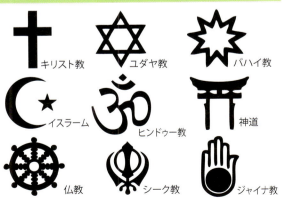

さまざまな宗教のシンボル

38 人と言葉　その①

マザー・テレサ（Mother Teresa）

- 1910　マケドニアに生まれる（本名アグネス・ゴンジャ・ボヤジュ）
- 1928　修道会に入り、1931年以降インドの学校で教えるが、後に退職
- 1950　修道会 "Missionaries of Charity"「神の愛の宣教者会」を設立。路上で死にゆく人のための活動を開始。後に「死を待つ人の家」「子どもの家」「平和の村」を設立
- 1979　ノーベル平和賞を受賞
- 1997　9月5日、インドで死去
- 2003　カトリック教会で列福され「福者」*となる
- 2016　9月4日、列聖され「聖人」*となる

「たいせつなこと」
たいせつなのは、
どれだけたくさんのことをしたかではなく、
どれだけ心をこめたかです。

「いちばんひどい病気」
多くの人は病んでいます。
自分がまったく愛されていない
関心をもってもらえない
いなくていい人間なのだと……。

人間にとっていちばんひどい病気は
だれからも必要とされていないと感じることです。

「もっとも貧しい人」
人は一切れのパンではなく
愛に、小さなほほえみに飢えているのです。
だれからも受け入れられず、だれからも愛されず
必要とされないという悲しみ
これこそほんとうの飢えなのです。
愛を与え、愛を受けるということを知らない人は
貧しい人のなかでも、もっとも貧しい人です。

[クリスチャン]

コルベ神父（マキシミリアノ・マリア・コルベ Maximiliano Maria Kolbe）

- 1894　ポーランドに生まれる（幼名：ライモンド）
- 1907　13歳でコンベンツアル聖フランシスコ会に入会、修道名マキシミリアノ
- 1918　ローマで司祭となり、以後「聖母の騎士会」を創立
- 1930　日本の長崎でゼノ修道士、ヒラリオ修道士と共に活動（～1936）
- 1941　2月、ナチスによりアウシュヴィッツ強制収容所に入れられる。7月、脱走者の見せしめとして殺害されそうになった囚人の身代わりを申し出る。8月14日、餓死室で賛美し祈りつつ最後まで生き残り、毒殺される
- 1971　カトリック教会で列福され「福者」となる
- 1982　列聖され「聖人」となる

「沈黙の意味」
沈黙を守るということは、何も言わないという意味ではなくて、ただ無原罪の聖母の望まれることを、多くも少なくもなく、ただありのままに言うということです。
必要以上にしゃべるということは悪いことでありますし、また言うべきことを言わないことも悪いことであります。

「祈りの精神」
祈りの精神のない人は、多くのことをしているような印象を与えるかもしれませんが、その人はあたかも、ものすごい速度で航行して岩にぶつかって壊れてしまう船のようなものです。

（コルベ神父の死を知らされた母の言葉）
マリアさま、あなたに感謝します。
息子マキシミリアノ・コルベはあなたのお望みのように天に昇ることができました。

*「福者」「聖人」　カトリック教会が、信仰と生活において特に優れた人物に、死後贈る称号

39 人と言葉 その②

キング牧師（マーティン・ルーサー・キング Martin Luther King Jr.）

- 1929　アメリカ、ジョージア州アトランタに生まれる
- 1948　牧師となる
- 1955　バス・ボイコット運動開始。以来、黒人公民権運動の先頭に立ち、非暴力抵抗運動を推し進める
- 1964　ノーベル平和賞を受賞
- 1965　以降、ベトナム戦争反対運動に身を投じる
- 1968　4月4日、暗殺される

I have a dream that one day on the red hills of Georgia, the sons of former slaves and the sons of former slave owners will be able to sit down together at the table of brotherhood.

I have a dream that my four little children will one day live in a nation where they will not be judged by the color of their skin but by the content of their character. I have a dream today.

And when this happens, when we allow freedom ring, when we let it ring from every village and every hamlet, from every state and every city, we will be able to speed up that day when all of God's children, black men and white men, Jews and Gentiles, Protestants and Catholics, will be able to join hands and sing in the words of the old Negrospiritual, "Free at last! Free at last! Thank God Almighty, we are free at last!"

私には夢がある。それは、いつの日かジョージアの赤土の上で、かつての奴隷の子孫と、かつての奴隷主の子孫が、人間愛のテーブルに一緒につくことができるようになるだろうという夢だ。

私には夢がある。それは、私の小さな4人の子どもたちが、皮膚の色によってではなく、人格の中身によって評価される国に生きることができるだろうという夢だ。私は今日、夢を抱いている。

そしてこのことが起こる時、私たちが自由の鐘を鳴り響かせる時、すべての村、すべての集落、すべての州、すべての街からそれを鳴り響かせる時、私たちはすべての神の子たち、すなわち黒人も白人も、ユダヤ人も異邦人も、プロテスタントもカトリックも、共にあの昔から伝わる黒人霊歌の言葉を歌うことができる日の到来を早めることができるのです。「ついに自由になった！ ついに自由になった！ 全能の神に感謝しよう、私たちはついに自由になった！」

ラインホールド・ニーバー（Reinhold Niebuhr）

- 1892　アメリカ、ミズーリ州に生まれる
- 1915　牧師となりミシガン州デトロイトで奉仕し、労働者の運動に関わる
- 1928　ニューヨークのユニオン神学校の教授となり、ディートリッヒ・ボンヘッファーやマーティン・ルーサー・キングにも影響を与えた
- 1971　死去

The Serenity Prayer（心の静けさを求める祈り）

O god, give us
serenity to accept what cannot be changed,
courage to change what should be changed,
and wisdom to distinguish the one from the other.

神よ、わたしたちに
変えられないことを受け入れる心の静けさと、
変えなければいけないことを変える勇気と、
それらを見分ける知恵をお与えください。

40 人と言葉 その③

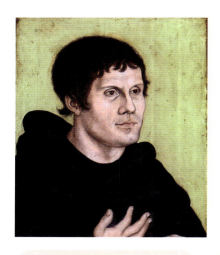

マルティン・ルター（Martin Luther）

- 1483　ドイツ、ザクセンのアイスレーベンで生まれる
- 1501　エアフルト大学で哲学を学び始める
- 1505　草原で激しい雷雨にあい、落雷の恐怖に死を予感する体験をし、修道会に入ることを志願して、聖アウグスティノ隠修士会に入る。後にヴィッテンベルク大学で教え、「信仰義認」の発想を得る
- 1517　10月31日「95か条の提題」を発信
- 1521　ヴォルムス勅令により、神聖ローマ帝国追放とされる。その後約1年間ヴァルトブルク城で新約聖書のドイツ語訳を行う。1520年代以降、ルター派諸侯と諸都市が「プロテスタント（抵抗者）」と呼ばれ始める
- 1534　ドイツ語旧約聖書を出版
- 1546　生まれ故郷のアイスレーベンで死去

> 我はここに立つ。
> 他になしあたわず。
> 神よ、我を救いたまえ。
> アーメン。

> 死は人生の終末ではない。生涯の完成である。

> たとえ明日世界が滅亡しようとも、今日私はリンゴの木を植える。
>
> ルター自身の言葉ではないが、ルターと宗教改革を思い起こさせる格言として、現代まで伝えられている。

> 「今でなくても」が、「ついにとうとう」になることは実に早い。

> 私がここに座って、うまいヴィッテンベルクのビールを飲む。するとひとりでに神の国がやってくる。

クリスチャン

ジャン・カルヴァン（Jean Calvin）

- 1509　フランス、ピカルディ地方のノワイヨンに生まれる
- 1533　突然の回心を体験する
- 1534　フランスでプロテスタントへの弾圧が強まり、スイスのバーゼルに亡命する
- 1536　『キリスト教綱要』（初版：ラテン語）を発行。ジュネーヴ市の宗教改革に協力し始める
- 1538　追放され、バーゼルからストラスブールに逃亡する
- 1541　ジュネーヴに戻り、神権政治を行い、以後、教会改革を指導
- 1564　死去

> 人間はすべて望みどおり満たされると、生活を楽しむことに深入りしてしまい、神のことや永遠のことを思わなくなる。そこで神は私たちを包んでいるものを少しずつ剥ぎ取って、神を思い、永遠を仰ぐようにしてくださる。

> 私たちは神から多くの祝福を期待するが、神の無限の寛容さは、いつも私たちの願いや考えを上回る。

> 人間が理解した神は、もはや神ではない。

> 空や大地の一切の被造物が、神の摂理によって、治められるばかりではない。神は、人間の計画や意志をも自身の定めた目標に向かうように支配する。

> 私たちが神を愛しているがゆえに、その人がどんな人であれ、それでも私たちはその人を愛さなければならない。

> 人間の性質とは、いわば絶えることない偶像工場。

41　人と言葉　その④

アシジのフランシスコ（Francis of Assisi）

- 1181　イタリア、アシジの裕福な織物商の家に生まれる。快楽を求め自由奔放な青春時代を過ごし、騎士にあこがれてアシジとペルージャの戦闘に参加するが敗北。病に倒れ、夢の中でイエス・キリストと出会う
- 1209　アシジで「小さき兄弟会」（のちの「フランシスコ会」）を創立
- 1212　女性のための修道会「貧しき貴女の会（クララ会）」を創立。同志を集め、清貧と愛の生活を続けて、多くの人に感化を与えた
- 1226　死去
- 1228　列聖され、「聖人」となる

「平和の祈り」

主よ、わたしを平和の道具とさせてください
わたしにもたらさせてください……
憎しみのあるところに愛を、罪のあるところに赦しを、
争いのあるところに一致を、誤りのあるところに真理を、
疑いのあるところに信仰を、絶望のあるところに希望を、
闇のあるところに光を、悲しみのあるところには喜びを。

ああ、主よ、わたしに求めさせてください……
慰められることより慰めることを、
理解されるより理解することを、
愛されるよりも愛することを

人は自分を捨ててこそ、それを受け、
自分を忘れてこそ、自分を見いだし、
赦してこそ、赦され、
死んでこそ、永遠の命に復活するからです。

「小鳥に説教をするフランシスコ」（ジョット）

「平和の祈り」は、アシジのフランシスコ自身が書いたものではないが、彼の生き方をよく示すものとして広く伝えられている。日本には第二次世界大戦後に伝えられた。

賀川豊彦（かがわ・とよひこ）

- 1888　神戸市に生まれ、4歳のときに両親と死別
- 1909　神戸神学校在学中にイエス団を設立し、伝道を始める
- 1920　労働運動を行う一方、自伝小説『死線を越えて』を出版、大ベストセラーとなる
- 1924　関東大震災の救援事業に伴い、東京に移住
- 1960　死去

「一枚の衣」

縫ふてくれる　人もなければ着る人も　縫ふてくれと云ふ着物もなし
ぽかぽかと　踏切越えて電車道　鉄色の空気に　わが衣映ゆ
かり羽織　鳥が孔雀のはねつけて　今日は格別　世界の隙見ゆ
足袋はだし　尻切とんぼに頬かぶり　地球は実に　此人ぞ廻す
一枚の着物に泥がつきにけり　洗っている間は　裸体美を説く
四辻の泥濘の中に　膝うづめ　一枚の衣の使徒は　泣きつつ祈る
一枚の最後に残ったこの着物　神の為めには猶ぬがんとぞ思ふ

42　キリスト教の文化・芸術

美術 (→ p.52)

【絵画】
当初、絵画は教会建築の一部（壁画）として描かれた。建築と絵画は一体であった。文字を読み書きできない人々は、絵で福音を読み取った。

- ビザンティン美術
  モザイク画（イコン）
- ロマネスク美術
  フレスコ画
- ゴシック美術
- ルネサンス美術
  ダ・ヴィンチ、ミケランジェロ他

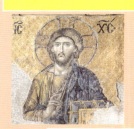

レオナルド・ダ・ヴィンチ

【建築】
- バシリカ様式
- ロマネスク様式
- ゴシック様式
- ルネサンス様式

サンタ・マリア・デル・フィオーレ
（後期ゴシック～初期ルネサンス様式）

キリスト教

ヨーロッパの文化・芸術はキリスト教ローマ帝国が母体となって生まれたものが数多くある

文化

文学

聖書そのものが文学という見方もできる。正典は数多くの初期キリスト教文書から選択されたものである。（→ p.54 ～ p.56）

- 初期キリスト教文書
  聖書（聖典・外典・偽典）
- 使徒教父文書
- 告白録
- 宗教民話
- 聖人伝
- キリスト教小説
- イエス物語

元来演劇は神々を演じるギリシア・ローマの文化であったが、キリスト教会では聖書劇を礼拝（ミサ）のなかに導入した。

- ラテン語典礼劇
  復活祭劇
  降誕劇
  奇跡劇

教会の中（礼拝／ミサ）

- ページェント
  （劇を中心とした礼拝）

教会の外へ

- 受難劇
- 世俗語の野外劇
- 宗教改革劇
- 聖史劇

歌は神への賛美であると同時に、人々の記憶媒体でもあった。文字を読み書きできない人々は、歌で神の業を伝承し、また神をほめたたえた。（→ p.50）

音楽

ヨハン・ゼバスティアン・バッハ

- **礼拝における賛美** 詩編・祈り・歌
- **コラール** ルター、バッハ他
- **グレゴリオ聖歌**
- **詩編歌** カルヴァン他
- **ミサ曲**
- **創作賛美歌**
- **黒人霊歌**
- **ゴスペル**
- **ソウル**
- **CCM**（コンテンポラリー・クリスチャン・ミュージック）

演劇

オーバーアマガウの受難劇
ドイツ南部のオーバーアマガウ村の村人の約半数が参加して開催されるキリスト受難劇。出演者をはじめ、オーケストラ・聖歌隊・大道具・演出など、2000人近くの住民が協力して作り上げる。1634年の初演以来、現在は10年に1度上演される。
オーバーアマガウは観光名所でもあるため、世界中からこの受難劇を鑑賞しに観光客が集まる。

ジーザス・クライスト・スーパースター
イエスの生涯と死を現代的な解釈で描くミュージカル。当初舞台で上演され、後に映画化された。舞台は日本でもロングラン公演されている。
（撮影・上原タカシ）

映画

1800年代に映画の技術が開発され、演劇の延長線上に聖書の物語や聖人伝が映像化されるようになった。
21世紀に入り、コンピュータによる特殊映像技術が飛躍的に進歩し、聖書物語の奇跡的な記述の写実的な映像化が可能となった。

- **エクソダス　神と王**（2014年）
- **ノア　約束の舟**（2014年）
- **サン・オブ・ゴッド**（2014年）
- **パッション**（2004年）
- **プリンス・オブ・エジプト**（1998年）

43 キリスト教の音楽　その①　イエスからバッハまで

ユダヤの旋律による聖書の朗唱
イエスと弟子たちはユダヤ人であり、ユダヤ人は旋律をつけて聖書を暗誦した。

キリスト教の成立

オリエント（東方）の旋律による賛美
エルサレム教会消滅後、エジプトやシリアなどのオリエント文化の影響を受けた福音伝承や賛美が歌われた。
読み書きのできない庶民にとっては、歌が一種の記憶装置であった。

ミサの成立（イエスの死と復活を記念する典礼）
3世紀頃には、日曜日の朝に説教と聖餐式を行うミサの形式がほぼ確立される。
ミサで使われる言葉（ラテン語）を、9世紀以降は旋律で歌うようになる（→グレゴリオ聖歌）が、やがて特別に作曲されたものが多く出るようになる。

西方へのゲルマン諸族流入

グレゴリオ聖歌
9–12世紀、キリスト教の賛美がゲルマン風にとらえなおされ、半音単位で動く数学的な旋律となり、楽譜に記録することが可能となる。
単旋律で無伴奏の聖歌が以後1000年近く歌い継がれることになる。

グレゴリオ聖歌の楽譜
楽譜の発明により、客観的で正確に伝えることができるようになったため、すべての教会に広まって歌われるようになった。

ミサ曲
キリエ（主よ、憐れんでください）
グローリア（栄光）
クレド（私は信じます）
サンクトゥス（聖なるかな）
アニュス・デイ（神の小羊）

14–16世紀、ミサの中の通常文（上記5種類）に独自の作曲がなされた音楽が多く生み出される。
代表的作曲家
ジョスカン・デ・プレ（1440?–1521）
パレストリーナ（1525?–1594）など

宗教改革

コラール

ルター（Martin Luther）
聖書をドイツ語に翻訳すると同時にミサ通常文もドイツ語ミサに置き換えてゆく。

カルヴァン（Jean Calvin）
礼拝は聖書のみという考えに基づき、フランス語訳詩編に曲をつけた。ジュネーヴ詩編歌集を音楽家と協力して生み出す。

宗教改革と共にコラール（会衆賛美歌）というジャンルが生まれる。民謡などのメロディに聖書の言葉を歌詞としてつけたものもあり、会衆にも歌いやすかった。「牧師は言葉で説教し、会衆は賛美歌で説教する」（ルター）。

バッハ（Johann Sebastian Bach）
ヨハン・ゼバスティアン・バッハ（1685–1750）
ドイツの教会音楽家。カンタータの作曲家であり、演奏者であり、教会聖歌隊の指揮者でもあり、教会付属学校の音楽教師でもあった。すなわち、カントールであった。毎週の礼拝ごとにひたすらカンタータを作曲をし続けた「音楽による説教者」。
西洋音楽の基礎を構築した作曲家として「大バッハ」とも呼ばれる。たとえ教会の外で演奏される世俗音楽であっても、信仰者バッハが作曲した音楽は、神への賛美にほかならなかった。
代表作　「マタイ受難曲」「ロ短調ミサ曲」他

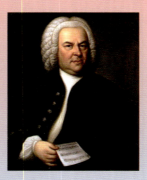

→ 説教的性格を拡大

カンタータ
イタリアで生まれた小オペラ（室内カンタータ）がルター派教会に取り入れられる。聖書に基づく宗教詩に曲がつけられたものが教会カンタータ。「音楽による説教」とも言われる。

文化

44 キリスト教の音楽　その② ウェスレーからCCMまで

信仰覚醒運動（リバイバル）

イングランド

アメリカへ

奴隷制の広がり

黒人教会の成立

ジーザス運動リバイバル

ウェスレー（兄、John Wesley）
ジョン・ウェスレー（1703–1791）が**英国国教会**で始めた運動はメソジスト運動と呼ばれ、やがて国教会から分離して、アメリカなどのメソジスト監督教会となる。チャールズと共に多くの賛美歌集を編集した。

ウェスレー（弟、Charles Wesley）
チャールズ・ウェスレー（1707–1788）。兄と共に**メソジスト運動**の指導者となる。多数の**創作賛美歌**を残した。代表作は「聞け、天使の歌」（『讃美歌21』262番、1954年版『讃美歌』98番）など。

黒人霊歌
信仰覚醒運動から生まれた大衆賛美歌。先住民やアフリカから連れて来られた人々に対するアメリカの奴隷制は、植民地時代（16世紀〜）より始まっている。
奴隷主の白人たちの教会とは全く別の文化として、奴隷たちがその悲しみや反抗の気持ち、キリスト教の教えや、イエスによる解放のメッセージなどを歌うようになったものを**黒人霊歌**または**アフリカン・アメリカン・スピリチュアル**という。
ヨーロッパ音楽と異なり、アフリカ系独自のリズム感覚が反映されている。

創作賛美歌
18世紀の英国国教会の中から起こった信仰覚醒運動の中核をなすメソジスト運動の中から多くの創作賛美歌が生まれる。この動きはやがてアメリカの多くの**プロテスタント教会**に広がり、発展してゆく。
独自の文化圏を形成したアメリカで、**ホワイト・スピリチュアル**（または**ホワイト・ゴスペル**）と呼ばれる音楽も生まれる。
20世紀後半になると、英語圏を中心にヒム・エクスプロージョン（爆発的賛美歌創作運動）が起こり、人権、環境、平和など、現代的課題をテーマにした賛美歌が数多く作られる。

ゴスペルとア・カペラ
ゴスペル（Gospel）とは**福音**という意味で、元来は宗教的な性格をもつ歌を指す。日本では無伴奏の合唱をすべてゴスペルと呼ぶ風潮があるが、これは間違い。
なお、ア・カペラ（A cappella）も無伴奏の合唱を指すが、これもイタリア語（カトリック）の「チャペル風」の意味である。

ゴスペル
1930年代から黒人だけの礼拝参加者による教会において、黒人霊歌の発展形としての**ゴスペル**が礼拝で歌われるようになる。基本は無伴奏での合唱。

CCM
1950年代以降の信仰覚醒運動の中から、ポピュラー音楽と同様のスタイルをもつ礼拝音楽が生まれてくる。これらは**プレイズ・ソング**（Praise Songs）や**ワーシップ・ソング**（Worship Songs）と呼ばれる時期を経て、やがて、**CCM**（コンテンポラリー・クリスチャン・ミュージック）というジャンルを確立してゆく。

ソウル・ミュージック
ゴスペルとアメリカのR&B（リズム＆ブルース）などが融合し、ソウル・ミュージックという新しいジャンルが発生し、教会から離れた世俗の音楽として発展する。これが更にロックンロールなどのポピュラー音楽に影響を与える。

45 キリスト教の絵画・彫刻・建築

古代ローマの古典美術とバシリカ

古代ローマ帝国の美術は主にギリシア風の文化（ヘレニズム）を受け継いでいた。
1世紀から4世紀にかけて、建築においてはコロッセウム（円形競技場）、浴場、水道橋など大規模な建築が行われた。また宮殿や神殿の建築には、「ドーリア式」「イオニア式」「コリント式」の3つの様式があった。
裁判や取引の集会などに用いられる長方形の床と高い壁に平天井を持つ施設は、「バシリカ」と呼ばれていた。

キリスト教の成立

家の教会

キリスト者たちの「集い」（ギリシア語でエクレシア）がユダヤ教とはっきりと分離し始めると、シナゴーグ（ユダヤ教の会堂）での礼拝ではなく、上流階級の邸宅が礼拝の場所となる。そのような集会所が「家の教会」（ラテン語でドムス・エクレシエ）と呼ばれるようになる。

キリスト教の公認・国教化

バシリカ

ミラノ勅令（313年）によりキリスト教への迫害を禁止したコンスタンティヌス帝は、ローマ建築を応用したバシリカを最初のキリスト教礼拝堂として建設する。

バシリカ

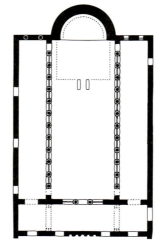 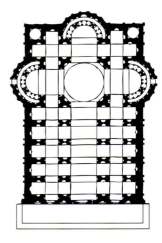

当初は単純な長方形を基盤とする設計であったが、やがて複雑化し、右図のようなラテン十字架型のバシリカなどが構想されるようになる。

ロマネスク

10世紀から12世紀にかけて主に西方教会の領域から発展した美術様式をロマネスク（ローマ風）美術と呼ぶ。

ピサ大聖堂とピサの斜塔（イタリア・トスカーナ）
半円形アーチなどを多用した石造大建築。壁や柱に多数の彫刻がなされているのが特徴的である。

ゴシック

12世紀から14世紀にかけて、ゲルマンの伝統とキリスト教の文化を合体させたゴシック（ゴート風）美術が生まれる。

高い尖塔を持つ細長いデザインによって上昇感を持たせている。壁にはステンドグラスがはめ込まれ、幾何学的な模様やキリスト、聖家族、聖人、怪物（ガーゴイル）などの姿が多数描かれている。
代表作 英国のカンタベリー大聖堂、イタリアのミラノ大聖堂、フランスのシャルトル大聖堂など

ケルン大聖堂（ドイツ・ケルン）

ビザンティン

4世紀から15世紀にかけて、主に東ローマ帝国（ビザンツ帝国）から伝播した美術様式をビザンティン美術と呼ぶ。

バシリカ様式に大型のドームが取り入れられた融合式に発展してゆく。

ハギアソフィア大聖堂（トルコ・イスタンブール）

ビザンティン初期の建築に描かれた壁画。ハギアソフィア大聖堂のモザイク・イコン。偶像崇拝の批判をさけるため、様式化され、写実的ではない。

ルネサンス

15世紀に古代ギリシア・ローマ文化の復興（ルネサンス）という趣旨で生まれた芸術運動。写実性と立体感、肉感にあふれる絵画や彫刻が発展。建築・絵画・彫刻すべてをこなす天才（ダ・ヴィンチ、ミケランジェロなど）が登場する。

「最後の晩餐」（レオナルド・ダ・ヴィンチ）

「ユダの接吻」（ジョット）

三次元化された表現が登場する。遠近法が発達し、ルネサンスを準備したと言われる。
代表的画家　ジョット、マザッチオなど

サンタ・マリア・デル・フィオーレ大聖堂（イタリア・フィレンツェ）

整数比や透視図法を積極的に取り入れた設計が発展した。また、建築理論を書物にまとめる運動も起こった。

「ピエタ」（ミケランジェロ）

46　キリスト教の文学　その①　アウグスティヌスまで

ヘブライ語聖書
- 律法（モーセ五書など）……神話〜歴史、律法
- 預言（イザヤ書など）……預言者の言葉
- 諸書（ヨブ記、詩編、箴言、雅歌、コヘレトの言葉など）
　……幻想文学、詩歌、ことわざ、随想、黙示文学など

古代ユダヤ教文書
聖書は一種の文学であるととらえることもできる。特にユダヤ教の聖書であるヘブライ語聖書の中でも、律法の部分は神話、預言書は幻想文学、諸書は詩歌や随想などユダヤ教文学の宝庫である。

キリスト教の成立

新約聖書
- 手紙（パウロ、ヨハネなど）……神学、使信
- 福音書（マルコなど）、使徒言行録
　……イエスと弟子の解釈的伝記（史実ではなく意味を語る）
- 預言（黙示録）……黙示文学

1世紀

使徒教父文書

ディダケー、バルナバの手紙、ヘルマスの牧者など

2-3世紀

初期キリスト教文書
イエスの死後、数多くのキリスト教文書が作られたが、教会はそのうちの一部を選んで正典とした。その他多くの文書は外典とされたが、外典の中にも注目すべき重要な文書は多い。
マグダラのマリアの福音書、トマスの福音書、ユダの福音書他

ラテン教父

テルトゥリアヌス（Tertullian）
（160頃–220頃）ラテン教父というグループの最初の一人で、ラテン語で著作を残した。『護教論』『ユダヤ人反駁』『キリストの肉について』など。

ギリシア教父

オリゲネス（Origen）
（182頃–251頃）ギリシア教父と呼ばれるグループの代表的存在で、ギリシア語で著作を残した。『諸原理について』『ヘクサプラ』など。

ヒッポのアウグスティヌス（Augustine of Hippo）

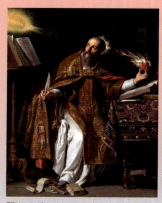

「聖アウグスティヌス」（シャンパーニュ）

354–430。北アフリカのタガステに母モニカ（聖人）と父パトリキウスの子として生まれる。カルタゴやローマで弁論術を学ぶ一方で、マニ教を信奉し、肉欲にまみれた生活をしたと言われる。
386年、ミラノに住んでいた時、隣の家の子どもから「とりて読め」という声を聞き、ローマの信徒への手紙を読んで回心し、翌年洗礼を受ける。
母の死後、391年から北アフリカのヒッポの教会の司祭となり、のちに司教となった。
原罪という考えを確定し、正戦論、聖霊論についても論じている。
代表作　『告白』『三位一体論』『神の国』

4-5世紀

『告白』
アウグスティヌスの青年時代の荒れた生活からキリスト教への回心までが描かれた前半生の自伝。
性的な道徳を強調すると同時に、マニ教や占星術が間違っていることを説き、その後のキリスト教会に大きな影響を与えた。

文化

47 キリスト教の文学　その②　『レ・ミゼラブル』まで

13世紀

トマス・アクィナス『神学大全』
……神の存在、法と政治など、神学と哲学の融合で後世に大きな影響を与える。

キリスト教文芸復興（ルネサンス）

14-15世紀

ダンテ・アリギエーリ（1265-1321）『神曲』
……地獄編・煉獄編・天国編からなる死後の世界を描く長大な叙事詩。

トマス・ア・ケンピス（1380-1471）『キリストにならいて』
……黙想と祈りを通して神へといたる道を説く信仰の書。

『アーサー王物語』
……騎士道物語。アーサー王と円卓の騎士たちが聖杯を探す冒険伝説。

「ダンテと『神曲』」（ドメニコ・ディ・ミケリー）

ヒューマニズム後のキリスト教文学　　宗教改革

宗教改革後、ヒューマニズムが台頭し、世俗化が進むが、ミルトンやパスカルなどが優れた宗教的作品を残した。

ジョン・ミルトン（1608-1674）『失楽園』
……「創世記」に題材を取り、人間の自由意志をテーマとする叙事詩。

ジョン・バニヤン（1628-1688）『天路歴程』
……キリスト者が困難や葛藤を越えて「天の都」にたどり着くまでの旅を描く。

ブレーズ・パスカル（1623-1662）『パンセ』
……宗教・哲学に関する思索の断片が、死後まとめられた。「人間は考える葦である」（パンセ）。

16-17世紀

産業革命と唯物論の登場

ドストエフスキー（Feodor Dostoevskii）

フョードル・ドストエフスキー（1821-1881）
ロシアの小説家・思想家。社会主義思想による暴力的革命に反対し、正教に基づく魂の救済を訴えた。
「神と悪魔が闘っている。そして、その戦場こそは人間の心なのだ」（カラマーゾフの兄弟）
代表作　『罪と罰』『白痴』『悪霊』『未成年』『カラマーゾフの兄弟』

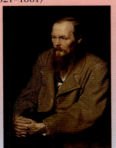

トルストイ（Lev Tolstoi）

レフ・トルストイ（1828-1910）
ロシアの小説家・思想家。存命中から人気作家であり、文学だけでなく政治思想にも影響を与えた。非暴力主義者。
代表作　『戦争と平和』『アンナ・カレーニナ』『イワンのばか』『人生論』『復活』

18-20世紀

『レ・ミゼラブル』

元囚人のジャン・ヴァルジャンが貧しい少女コゼットを守り抜く。フランス革命時の社会状況や民衆の生活も描きこまれた大河小説。
初版本の表紙に描かれた少女コゼット。フランス人画家エミール・バヤールによる木版画。

ヴィクトル・ユゴー（1802-1885）『レ・ミゼラブル』

アンドレ・ジッド（1869-1951）『狭き門』
……地上での幸福を放棄して自己犠牲の死を選ぶ人間を描く。

フランソワ・モーリアック（1885-1970）『イエスの生涯』
……フランスのカトリック作家。日本の遠藤周作にも影響を与えた。

48 日本のキリスト教文学

八木重吉（Jukichi Yagi）

- 1898　東京に生まれる
- 1919　駒込基督会において富永徳磨牧師より洗礼を受ける
- 1922　結婚した後、詩作に精力的に打ち込む
- 1925　初の詩集『秋の瞳』刊行
- 1926　結核と診断される
- 1927　死去。享年29歳。5年程度の詩作生活の間に、約2000編の詩を残す。いずれも数行の短い詩が多い。一行詩もある
- 1928　第2詩集『貧しき信徒』刊行

八木重吉記念館（東京都町田市　http://www.jukichi-yagi.org/）

> きりすとをおもひたい
> いっぽんの木のようにおもひたい
> ながれのようにおもひたい

> 神様　あなたに会ひたくなつた

> 宇宙の良心——耶蘇

椎名麟三（Rinzo Shiina）

- 1911　兵庫に生まれる。本名、大坪昇
- 1931　共産党員になるが、特高警察に検挙され、ニーチェ、キェルケゴールなどの思想に触れて、転向する
- 1947　ドストエフスキーの影響を受け、『深夜の酒宴』を発表
- 1950　日本基督教団上原教会にて赤岩栄牧師から洗礼を受ける
- 1973　死去

代表作　『深夜の酒宴』『永遠なる序章』『自由の彼方で』『美しい女』

三浦綾子（Ayako Miura）

- 1922　北海道に生まれる
- 1952　結核で闘病中に、小野村林蔵牧師より洗礼を受ける
- 1963　朝日新聞懸賞小説に『氷点』が当選。連載を始める。1966年出版
- 1999　死去

プロテスタントの信仰に基づき、人間の生と死、罪と赦しを描き続けた。キリスト教の入門書も含め、多数の著作がある

代表作　『氷点』『続・氷点』『塩狩峠』『道ありき』『細川ガラシャ夫人』『泥流地帯』『千利休とその妻たち』『ちいろば先生物語』『銃口』

三浦綾子記念文学館（北海道旭川市　http://www.hyouten.com）

撮影・児島昭雄

遠藤周作（Shusaku Endo）

- 1923　東京に生まれる。幼少時代を満州で過ごす
- 1935　兵庫・西宮のカトリック夙川教会で洗礼を受ける
- 1943　慶應義塾大学入学、ベルナノス、モーリアックなどフランスカトリック文学に深く影響を受ける
- 1950-1953　フランスに留学する
- 1957　『海と毒薬』で小説家としての地位を確立する
- 1996　肺炎で死去

カトリック作家と「狐狸庵先生」ものなどの二面性を持つ。日本人でありながらキリスト教徒であることの問題を徹底的に追究した。

代表作　『白い人・黄色い人』『海と毒薬』『沈黙』『イエスの生涯』『深い河』他

遠藤周作文学館（長崎県長崎市　http://www.city.nagasaki.lg.jp/endou/）

撮影・稲井勲

文化　社会

49　キリスト教と社会活動

平和 Peace

- 米軍基地問題
- 宗教間対立
- 国際交流
- 反戦運動

キング牧師はアフリカ系アメリカ人への人種隔離政策に対する抵抗運動と共に、ベトナム戦争反対運動をも推進した。その方法は、徹底した非暴力抵抗運動だった。（→ p.45）

非暴力抵抗主義

人権 Human Rights

- 部落差別
- しょうがい者差別
- 在日外国人差別
- 性差別
- アイヌ差別
- 琉球（沖縄）差別
- セクシュアル・マイノリティ差別

イエスの神の国運動

▶教え……たとえ話などを使って分かりやすく神の国（天の国）、神の支配を教えた
▶癒し……病人やしょうがい者、心を病む人を癒した
▶食事……貧しい人、被差別者を食事に招いた

キリスト教の社会活動は、このイエスの活動を受け継ごうとするものである。

医療 Medical Care

- 治療と癒し
- 全人的ケア
- ホスピス
- ターミナルケア
- カウンセリング

マザー・テレサはインドでもっとも貧しい人に仕え、路上生活者に食事を与えたり、「死を待つ人の家」などを設立し、ターミナルケアを行った。（→ p.44）
AFP=時事

福祉 Welfare

- 貧困問題
- 労働者運動
- 養護施設

教育 Education

- ボランティア
- YWCA
- YMCA
- 教会教育
- キリスト教学校教育

50 キリスト教と平和活動

キリスト教の歴史は必ずしも「平和の歴史」とは言えない。
正統派による異端の排撃から始まって、十字軍や宗教改革、独立戦争に至るまで、ある時は自らの正統性や自由を勝ち取るために、またある時は領土や資源、財産を目当てとして多くの人々の血を流してきた。

最初に人権運動と平和運動を確立したのは、アメリカのキング牧師であり、それは徹底的に非暴力による体制への抵抗運動であった。

ナザレのイエス
弱き者に寄り添い、自らも弱き者として処刑された。

正統派教会の成立（国家と結びついた教会）

教会分裂・十字軍・宗教改革・侵略と独立

非暴力抵抗主義
非暴力抵抗主義は、無抵抗主義ではない。戦争や差別・権力の横暴に対して抵抗をするその方法として、抵抗者は絶対に暴力で報いないという考え方と行動様式である。
キング牧師は、キリストとガンジーからこれを体得したと言われる。

キング牧師 （→ p.45）
バス・ボイコット運動（1955）に始まり、人種隔離政策に抵抗して黒人公民権運動を導いた。晩年、ベトナム戦争反対運動を推進した。

宗教間対立
イスラームに根ざすテロリズムは、アメリカを中心とする経済的搾取と人種差別・民族差別・米軍による暴力などに対する抵抗であるとする見方がある。欧米の対テロ戦争有志連合は、政教分離原則をとってはいるが、過去にはキリスト教国だった国が多く、イスラーム側には「新たな十字軍である」とみなす立場もある。
また、キリスト教原理主義（→ p.43）の中には、イスラームを滅亡させようとする者すらいる。

沖縄本島における在日米軍基地、沖縄本島の約18%を占めている

反戦運動（日本）
安全保障関連法案（集団的自衛権）の問題
武器輸出三原則の問題
憲法9条の問題
難民（受け入れ）問題

米軍基地問題
アメリカの歴史は、独立戦争から始まっている。
それ以来、アメリカには自由と民主主義を武力で獲得する伝統が続いていると言っても過言ではない。現在、米軍基地は世界の各地に配置されているが、基地の周囲では兵士による犯罪や軍用航空機の事故など、様々な問題が発生し、付近住民を悩ませているのが実態である。

51　キリスト教と人権活動

セクシュアル・マイノリティ差別

「性的少数者」。LGBT とも呼ばれる（レズビアン、ゲイ、バイセクシュアル、トランスジェンダー）。しかし、人間の性的指向の多様性はこの4つに限られず、無限の広がりがある。
キリスト教の立場から、「性的少数者は罪人である」という差別を行う人もいる一方で、「すべての人が神にありのまま愛され、祝福されている」として差別と戦う人もいる。

性差別（sexism）

性の違いに基づく差別、虐待、男女間格差など。
　セクシュアル・ハラスメント
　パワー・ハラスメント
　モラル・ハラスメント
　性暴力
　男女間の給与格差など
戦争時の慰安婦（性奴隷）も、女性差別の表れである。
キリスト教内でも両性は平等であるという考えと、女性は男性の助け手であるという考えの両者が存在する。

レインボー・フラッグ

性的少数者への差別・偏見に抵抗し、性の多様性を虹色で表す意図から生まれたレインボー・フラッグ。近年では、性だけではなく、民族、人種、宗教などすべての人間が多様であることを示す、反差別と平和の象徴となっている。
レインボー・フラッグを掲げる教会もある。

琉球（沖縄）差別

沖縄は日本の面積の0.6%、ここに、日本全国の米軍基地の74%が集中している。そのため、これは平和の問題であると同時に、差別の問題でもあると捉えることができる。
歴史的には、沖縄の先住民による琉球王国を薩摩藩が侵略・征服した経緯がある。
また、太平洋戦争では日本領土では唯一の一般市民を巻き添えにした地上戦の戦場とされた。その後、日本本土よりも長く米国に占領され、米軍の沖縄の利用が決定的となった。

在日外国人差別

日本に住む外国人に対する日本人による差別。
近年、国粋主義的な人々による、在日朝鮮人・在日韓国人に対するヘイトスピーチや暴力が非常に増えている。
また、朝鮮学校に対する補助金の打ち切り、生徒への暴力も後を絶たない。

アイヌ差別

歴史的には、北海道は先住民であるアイヌの土地であり、これを日本が侵略・征服した。
その子孫への差別は続き、存在さえ知らない者もいる。

部落差別

被差別部落出身者・居住者に対する差別。
過去のものとして扱われがちであるが、現在も結婚差別、就職差別、いじめ、嫌がらせなどが起きている。特に近年ではインターネット上の差別書き込みが深刻である。多くのキリスト教会で差別的心理と戦うための取り組みがなされている。

しょうがい者差別

「しょうがい」の定義はあいまいで、いわゆる「健常者」との境目は実ははっきりしていない。また、しょうがいが「ある」と言えるかどうかも問題が残る。便宜上、身体・知的・精神の分野に分けられるが、この世での「生きづらさ」「生きにくさ」を感じているとすれば、しょうがい者に「されている」と言える。

52 キリスト教の医療と福祉

ナザレのイエス

貧しい人々と共に食べた。
病人やしょうがい者を癒した。

共に食べる……ただ貧しい人に食料を与えるのではなく、貧しい人と共に食事をすることによって、身分社会に抵抗を表し、支配者に憎まれた。
病人を癒す……神の罰あるいは汚れとされた病気の人に触れ一方的に罰を赦し、手当てをした。これは当時では神への反抗と受け取られた。

イエスの死後……

マグダラのマリアら女性たちによる「神の国」運動の再開
ペトロら男性の弟子たちの復帰 → **キリスト教の成立**

初代教会の奉仕

低所得者・高齢者の世話　　病人・しょうがい者の治療　　旅人の宿　　ミサ

中世のシュピタール教会

シュピタール（養老院・救貧院・病院）
大きな富を得た者が、死後に天国に行くための徳を積もうと、収入や土地を教会に寄進し、貧しい人や親のいない子ども、高齢者、病人のための施設を作った。

↓　　　　　↓　　　　　↓

ホスピタリティ（Hospitality）
親切なもてなし

ホスピタル（病院）（Hospital）
ホスピス（Hospice）

ホテル・ホステル（Hotel/Hostel）

近代以降の世俗化

日本の社会福祉

日本の社会福祉はキリスト者たちが先駆者となった（以下はその一部）。

石井十次（1865-1914）
岡山医学校で医学生として研修中、信仰に目覚め、医師を断念して孤児救済事業に専念する。岡山孤児院創立者。現在は石井記念友愛社が福祉事業を継承している。

留岡幸助（1864-1934）
同志社で新島襄から神学を学び牧師となる。東京の巣鴨と北海道に家庭学校を設立、青少年の自立支援に努める。現在も北海道家庭学校がその精神を継承する。

山室軍平（1872-1940）
同志社に学ぶが、その神学に反発し退学。岡山で石井十次、留岡幸助の影響を受けた後、救世軍に入隊する。廃娼運動、純潔運動に打ち込み、日本キリスト教婦人矯風会にも影響を与えた。

賀川豊彦（1888-1960）
日本キリスト教会徳島教会で洗礼を受ける。労働運動、農民運動を指導、生活協同組合創設に尽力、イエス団を創設し、キリスト教の博愛主義による社会変革を目指した。

53　平和の言葉

マタイによる福音書5章9節

平和を実現する人々は、幸いである。
その人たちは神の子と呼ばれる。

教団戦責告白

第二次大戦・太平洋戦争時、キリスト教会が国家の戦争に協力したことを懺悔した告白。

「第二次大戦下における日本基督教団の責任についての告白」（教団戦責告白）より（1967）

　しかるにわたくしどもは、教団の名において、あの戦争を是認し、支持し、その勝利のために祈り努めることを、内外にむかって声明いたしました。
　まことにわたくしどもの祖国が罪を犯したとき、わたくしどもの教会もまたその罪におちいりました。わたくしどもは「見張り」の使命をないがしろにいたしました。心の深い痛みをもって、この罪を懺悔し、主にゆるしを願うとともに、世界の、ことにアジアの諸国、そこにある教会と兄弟姉妹、またわが国の同胞にこころからのゆるしを請う次第であります。

ヨハネ・パウロ二世「広島平和アピール」より（1981）

　目標は、常に平和でなければなりません。すべてをさしおいて、平和が追求され、平和が保持されねばなりません。過去の過ち、暴力と破壊とに満ちた過去の過ちを、繰り返してはなりません。険しく困難ではありますが、平和への道を歩もうではありませんか。……平和への道のみが、平等、正義、隣人愛を遠くの夢ではなく、現実のものとする道なのです。

アシジのフランシスコ「平和の祈り」→ p.47

バルメン宣言

第二次大戦中、ナチスに迎合する「ドイツ的キリスト者」に抵抗して、キリスト教会が国家と一体化することに抗議した「告白教会」の宣言。カール・バルトが起草した。告白教会からはマルティン・ニーメラー、ディートリッヒ・ボンヘッファーらが収容所に送られ、ボンヘッファーは処刑された。

「ドイツ福音主義教会の今日の状況にたいする神学的宣言」（バルメン宣言）より（1934）

　国家がその特別の委託をこえて、人間生活の唯一にして全体的な秩序となり、したがって教会の使命をも果たすべきであるとか、そのようなことが可能であるとかいうような誤った教えを、われわれは退ける。
　教会がその特別の委託をこえて、国家的性格、国家的課題、国家的価値を獲得し、そのことによってみずから国家の一機関となるべきであるとか、そのようなことが可能であるとかいうような誤った教えを、われわれは退ける。

（宮田光雄 訳）

平和の礎

世界の恒久平和を願い、国籍・軍人・民間人の区別なく、沖縄戦で亡くなったすべての人の名前を刻んだ記念碑（1995年建立）。

日本バプテスト連盟「平和に関する信仰的宣言」より（2002）

　主イエスによって解放され生かされた私たちは、他者を殺しその存在を否定することができない。殺しのあるところに平和はない。私たちは殺さない。軍備のあるところに平和はない。私たちは殺すための備えを否定する。戦争に協力するところに平和はない。私たちは殺すことにつながる体制づくりに協力しない。暴力のあるところに平和はない。私たちは暴力の正当性を否定する。主に従う教会は敵を愛し、迫害する者のために祈る。

54 祈り

主の祈り　　　　　　　　　　　　　　　　　　　　　The Lord's Prayer

（マタイによる福音書6章9〜13節、ルカによる福音書11章2〜4節参照）

天にまします我らの父よ、
ねがわくは　み名をあがめさせたまえ。
み国を来らせたまえ。
みこころの天になるごとく、地にもなさせたまえ。
我らの日用（にちよう）の糧（かて）を、今日も与えたまえ。
我らに罪を犯す者を、我らがゆるすごとく、我らの罪をもゆるしたまえ。
我らをこころみにあわせず、悪より救い出（いだ）したまえ。
国とちからと栄えとは、限りなく汝（なんじ）のものなればなり。
アーメン。
　　　　　　　　　　　　　　　　　　　　　　　　　　（1880年訳）

天の父よ
　み名があがめられますように。
　み国が来ますように。
　みこころが天で行われるように　地上でも行われますように。
　わたしたちに今日も　この日のかてをお与え下さい。
　わたしたちに罪を犯した者を　ゆるしましたから、
　わたしたちの犯した罪を　おゆるし下さい。
　わたしたちを誘惑から導き出して　悪からお救い下さい。
　み国も力も栄光も　とこしえにあなたのものだからです。
　アーメン。
　　　　　　　　　　　　　　　　　　　（日本キリスト教協議会統一訳）

Our Father, who art in heaven,
Hallowed be thy name.
Thy kingdom come.
Thy will be done, on earth as it is in heaven.
Give us this day our daily bread.
And forgive us our trespasses, as we forgive those who trespass againt us.
And lead us not into temptation, but deliver us from evil.
For thine is the kingdom, and the power, and the glory, forever and ever.
Amen.

　　　　　　　　　　　　　　　　　　　　（Book of Common Prayer, 1928）

信仰

55　使徒信条、十戒

使徒信条　　　　　　　　　　　　　　　　　The Apostles' Creed

A
我は天地の造り主、全能の父なる神を信ず。
我はその独り子、我らの主、イエス・キリストを信ず。
主は聖霊によりてやどり、処女マリヤより生れ、ポンテオ・ピラトのもとに苦しみを受け、十字架につけられ、死にて葬られ、陰府にくだり、三日目に死人のうちよりよみがへり、天に昇り、全能の父なる神の右に坐したまへり、かしこより来りて、生ける者と死ねる者とを審きたまはん。
我は聖霊を信ず、聖なる公同の教会、聖徒の交はり、罪の赦し、身体のよみがへり、永遠の生命を信ず。
アーメン。
　　　　　　　　　　　　　　　　　　　　　　　　　　（文語訳）

B
わたしは、天地の造り主、全能の父である神を信じます。
わたしはそのひとり子、わたしたちの主、イエス・キリストを信じます。
主は聖霊によってやどり、おとめマリアから生まれ、ポンテオ・ピラトのもとで苦しみを受け、十字架につけられ、死んで葬られ、よみにくだり、三日目に死人のうちからよみがえり、天にのぼられました。そして全能の父である神の右に座しておられます。そこからこられて、生きている者と死んでいる者とをさばかれます。
わたしは聖霊を信じます。きよい公同の教会、聖徒の交わり、罪のゆるし、からだのよみがえり、永遠のいのちを信じます。
アーメン。
　　　　　　　　　　　　　　　　　　　　　　　　　　（口語訳）

十戒　　　　　　　　　　　　　　　The Ten Commandment / Pentateuch
（出エジプト記20章2〜17節／申命記5章6〜21節）

（1）あなたには、わたしをおいてほかに神があってはならない。
（2）あなたはいかなる像も造ってはならない。
（3）あなたの神、主の名をみだりに唱えてはならない。
（4）安息日を心に留め、これを聖別せよ。
（5）あなたの父母を敬え。
（6）殺してはならない。
（7）姦淫してはならない。
（8）盗んではならない。
（9）隣人に関して偽証をしてはならない。
（10）隣人の家を欲してはならない。隣人の妻、男女の奴隷、牛、ろばなど隣人のものを一切欲してはならない。
　　　　　　　　　　　　　　　　　　　　　　　　（出エジプト記版）

富田正樹
(とみ た まさ き)

1965 年、兵庫県明石市に生まれる。
1987 年、関西学院大学文学部日本文学科を卒業。
1993 年、6 年間の会社員生活の後、同志社大学神学部に編入学。
1997 年、同志社大学大学院神学研究科博士課程前期を修了。
現在、同志社香里中学校高等学校聖書科教員、
　　　日本基督教団徳島北教会牧師。
著書　『信じる気持ち　はじめてのキリスト教』
　　　（日本キリスト教団出版局）
　　　『キリスト教との出会い　新約聖書』
　　　（日本キリスト教団出版局）
　　　『新島襄への扉』（共著・日本キリスト教団出版局）
訳書　スポング『信じない人のためのイエス入門』（新教出版社）

ウェブサイト：『iChurch.me：三十番地キリスト教会』
　　　　　　　http://ichurch.me

写真資料所蔵・提供
p 42　第 2 ヴァティカン公会議　dpa ／時事通信フォト
　　　マザー・テレサ　AFP ＝時事
　　　長崎原爆キノコ雲　dpa ／時事通信フォト
p 44　コルベ神父　PAP ／時事通信フォト
p.60　石井十次　石井記念友愛社
　　　山室軍平　救世軍本営

キリスト教資料集

2015 年 12 月 15 日　初版発行　© 富田正樹
2023 年　2 月 20 日　8 版発行

著者　富田正樹
発行　日本キリスト教団出版局
〒 169-0051　東京都新宿区西早稲田 2-3-18
電話 03-3204-0422（営業）、03-3204-0424（編集）
https://bp-uccj.jp

印刷・製本　三秀舎
ISBN978-4-8184-0934-7
C0016　日キ販　Printed in Japan